【文庫クセジュ】

十九世紀フランス哲学

ジャン・ルフラン著
川口茂雄(監修)／長谷川琢哉／根無一行訳

白水社

目次

Ⅳ　生の哲学、行為の哲学

序論

十九世紀フランス哲学の研究は、ひょっとすると、まさに新展開を迎えようとしているところかもしれない。発展はめざましい。

以前はというと、こんなふうな理解がありがちだった——メーヌ・ド・ビランからベルクソンまでにわたって十九世紀を占め続けた〈スピリチュアリスム〉の哲学は、当時の政治的状況から説明可能な政治イデオロギー上の意義しかもたない。必然的にブルジョアジー国家に奉仕する思想内容であった。十九世紀には、ドイツにおけるカントの後継者たち以外には、それ自体で研究に値するような真の哲学は存在しなかったのではないか、——などというような具合だった。

なるほどまちがいなく、フランス十九世紀の哲学者たちは、多くの場合、公然と《社会参加する《アンガジェ》》哲学者であった。ある者たちは国会議員だった。王政下および共和政下で大臣を務めた者も大勢いる。またある者たちは、第二帝政の成立時、皇帝ナポレオン三世にたいして宣誓することを拒み、むしろ亡命を選んだ。ヴィクトル・クザンはなかでも際立った、名誉ある存在であったといえる。哲学者にはかなり稀《まれ》なことだが、クザンはまさに彼の思想を理由として、人生で二度も公職を罷免され、さらに一度は投獄までされたのだ。

十九世紀の初めから終わりまで、フランスにおける哲学的議論はいずれも、前世紀末に生じた〈大革命〉をどう解釈するかという問題と、切り離せないものであった。そしてあわせて、一八三〇年、一八四八年、一八七一年と続けて起こった、流血の出来事がもたらす政治的衝撃をどう受けとめ解釈するのか、という問題とも。そのつど、アンシャン・レジームとの革命的断絶の意味が、十八世紀思想との連続性の意味が、審問に付された。復古王政期シャルル十世の治世下で行なわれたクザンの哲学史講義から、パリ・コミューン後に書き始められたテーヌの『近代フランスの起源』にいたるまで、問い直しは続いてゆく。本書で私はこの一八三〇年、四八年、七一年という年代記上の区切り枠組みを維持することにした。この区切り方には、たんなる便宜的な慣習以上の意義があるだろうから。

しかし、十九世紀フランス哲学を考えるということは、歴史学的価値しかもたないということになるのだろうか？　固有の一貫性をもたない雲散霧消するイデオロギーのようなものだから、どんな哲学的正統性も与える必要はない、ということになるのだろうか。いや。そんなことはない。歴史主義〔過去の時点では未確定・不可知であったはずの、歴史家自身が知っている未来の結果を前提にして、過去を説明してしまう姿勢〕に陥《おちい》ることなく歴史家たることは、可能である。見えにくくなっていた哲学的諸問題の連続性を照らし出して解き放ち、それらの自律的発展を抽出するよう、努めなければなるまい。哲学もまた文脈《コンテクスト》をもつ。だが哲学の著作がもつ文脈とはまずもって端的に、哲学的文脈なのだ。

とはいえ〔フランス語を使う〕言語共同体ということや、各学派の系譜、政治制度・宗教制度・学校制度といったことは、もちろん哲学史的研究において考慮に入れられるべきであり、本書でもそうしている。大革命後、一八九六年までフランスには、大学という確立された制度が存在していなかったことも思い起こすべきである〔後の本書三〇ページ等を参照〕。パリの《文科大学》とコレージュ・ド・フランス以外では、十九世紀の哲学教育とはもっぱら高校《リセ》での教育内容だったのだ。

十九世紀において、フランスの哲学者たちの多くはカトリックというバックグラウンドをもっており、ドイツの哲学者たちの多くはプロテスタントというバックグラウンドをもっていた、という点は知っておくほうが考察の役にたつだろう。しかし他方で、伝統に依拠しない、真理の自由な探求であるような種類の哲学のことなら、ただちに《フランス哲学》と形容してよいかどうかといえば、そう単純でもない。本書で扱われる思想家たちは、「常識《コモンセンス》」にかんするスコットランド学派の思想を参照し、スペンサーの進化論やウイリアム・ジェイムズの哲学といった英米思想を参照している。そしてなにより、偉大なドイツ人たちの仕事を継続的に参照している。十九世紀のフランス哲学とは、十八世紀のドイツが生んだカント批判哲学にたいするひとつの注釈、《分析解説《エクスプリカシオン》》であったと述べたとしても、これも大げさではないだろう。

第一章　あの〈革命〉をどう解釈する？　一七八九〜一八三〇年

〈フランス革命〉が目指したのは、なんだったのだろう。あの出来事の最終的な歴史的意味はどこに帰着するのか。リベラルな立憲的政体の樹立？　だとすれば立憲王政のことか、それとも共和政のことか。あるいは独裁的デモクラシーの成立？　いやむしろそういうことではなくて、精神的にも産業的にも社会を根底から変貌させ再構築せしめたことにこそ、あの革命の意義を見るべきなのか。

いつ〈大革命〉は終わったのか。ロベスピエールがテルミドールの反動（一七九四年七月二十七日）で失脚し処刑されたとき、か。国民公会を引き継いだ総裁政府がブリュメールのクーデタ（一七九九年九月九日）で倒されたとき、か。それとも統領政府の終焉、つまり一八〇四年、ナポレオンが皇帝の座に就いた日が決定的ということになるだろうか。メッテルニヒが述べたように、ナポレオンとは軍靴を履いたロベスピエールであったわけか。

一八三〇年の七月革命の日々を〈大革命〉の最後のエピソードとみなす見解をもつ人も、すぐれた知識人のなかにはけっして少なくない。だがそのあとにも、一八四八年の革命的出来事があったわけだし、さらにパリ・コミューンという一八七一年の出来事は、終わりなき革命の一エピソードであるかに見えもした。実際、パリ・コミューンをどう解釈するかは二十世紀という時代にとっての強迫観念になったではないか？
しかしながら、である。一八三〇年よりも前にもう、この解釈をめぐるいくつかの大筋の線は、すでに固まっていたのだ。どのような立場の者が、どの解釈を採るか。それら選択肢《オプシヨン》は、政治的・社会的な対立軸のみをめぐるものだったのではない。精神的な対立軸、哲学的な対立軸、さらには宗教的な対立軸が、革命の影響がゆきつく先の諸選択肢を描き出した。

I イデオロジー学派 大革命・ナポレオン時代の思想家群像

まずは大革命期に活躍したイデオロジー学派と、その先行思想であるコンディヤック（一七一五〜八〇年）の哲学についての話から始めよう。

「イデオロジー idéologie」という語は、のちに大変人口に膾炙《かいしや》するわけだが、これはもともと、デステュット・ド・トラシーが一七九六年に学士院《アンスティテュ》で講演した『思考能力についての研究報告』のなかで造語されたものなのだ。その講演のなかではイデオロジーという語は、「諸々の感覚と観念 idées《イデー》 との分析」という意味で使われていた。したがって当初は、私たちの現代において《イデオロギー》という語が帯びている蔑称的なニュアンスはこの言葉にはなかったのだ。もっとも、蔑称的にもちいる用法はけっこう早くから始まりはするのだが（シャトーブリアンの一八〇二年の著作『キリスト教精髄』以降）。デステュット・ド・トラシーは、自分の思想立場をいい表わすのに、「形而上学」という語と「心理学《プシコロジー》」という語とは、どちらも避けたかったのだ。「形而上学」という術語は十七世紀においてしばしば認識論という意味で使われていたが、ただしこの場合でもけなされ、こきおろされた、だめな学問分野という意味でそう呼ばれた。そして「心理学」という術語もまた、魂についての形而上学的理論という含意を思わせた〔二十世紀以降の「心理学」という語のイメージとは重なりつつもいささか異なるので要注意〕。それをトラシーは避けようとしたのである。

少し過去に戻って、イデオロジー学派の源流となったコンディヤックはどう考えていたかというと、《諸観念の起源を分析する》という彼自身の方法論に与えるべき名称について、やはりためらいを見せていた。「もしアリストテレスのいう〈第一哲学〉という意味とあなたが混同しないのなら、この方法を〈形而上学的〉と名づけてもよかったでしょう。……もし私が心理学と題した良い書物を複数知っていたならば、この方法を〈心理学〉と呼んでいたかもしれませんが……」（コンディヤック『教程』）。

先行思想としてのコンディヤック的分析の哲学――十八世紀の終盤から十九世紀初めにかけて、コンディヤック的方法論をみずからの学的主張の論拠として援用したのは、哲学者たちだけではない。自然科学の領域で仕事をしていた人びともまた、コンディヤック的方法論を、積極的に援用し応用していたのだ。「分析が首尾よくなされたならば、私たちは分析によって発見から発見へと次々に導かれる」（『教程』）。

コンディヤックの方法とは、どのようなものだったか。三つの主要テーゼに要約してみよう。

(a) **あらゆる生得説《イネイスム》の拒否。**十八世紀フランスの啓蒙哲学は、ロック（一六三二～一七〇四年）の経験主義《アンピリスム》から影響を受けて、生得説へのこの拒否〔人間は生まれつきすでに特定の観念・能力をもっているとする考え方にたいする拒否、つまり生まれつきではなく後天的な経験・学習によって個々人はかたちづくられるとする発想〕を中心思想にしていた。コンディヤックはそれをさらに徹底化したのだ。すぐに有名になった彼の表現によるなら、生得的な観念など存在しない、あらゆる観念は「変形された感覚」なのだ。

感覚、それこそが分析が遡《さかのぼ》りゆくべき第一要素である。ところで感覚とは、さまざまな感覚器官から与えられるものである。ここに、十九世紀初め以来コンディヤックのテーゼにたいする呼び名となった、感覚主義《サンシュアリスム》という語のゆえんがある。この語の初出は少なくともカント『純粋理性批判』の末尾部分（Sensualsystem：A854/B882）および同書についての最初期のフランス語での注釈（一八〇四年のドジェランド『哲学体系比較史』など）にまで遡るようだ。感覚主義という語には、「感覚的＝官能的 sensuel」という形容詞との連想もあって、〔知性を否定し感覚器官に依拠する〕道徳的に低いものだというニュアンスが、感覚主義への反対者からどこかずるい仕方で帯びさせられた。ちなみにコンディヤックはキリスト教的スピリチュアリスムを自分と相容れないとして否認したことは一度もないのだけれども。そういうわけだから、必要不可欠では全然ない感覚主義という語は、使用を回避するほうが望ましい。いずれにしてもコンディヤックの後継者たちにとって、真の学とは生得説の拒否である、と思われた。これはすなわち、悪しき形而上学の拒否、悪しき心理学の拒否、さらには悪しき神学の拒否、これらの拒否が一体となった態度のことだった。発達や経験のプロセスの重視。こうした思想を、一七九五年に師範学校の知性分析論担当教授ガラは、学生たちにまず最初に学ばせようとしたのであった。

（b）発生論的観点。 人間の諸能力は、だんだんと継起的に現われて発達してくるものである。だからそれらは諸観念と同じく、もともと備わっていた生まれつきのものではない。つまり生得的ではない。

諸能力の後天的な発生は、のちのち有名になる、コンディヤックの思考実験的なモデル、「立像」〔彫像〕モデルによって説明される。ではどんな思考実験なのか。

　こうした「立像」があると仮定せよ。「内部はわれわれの体と同じように組織されていて、そして、あらゆる種類の観念を欠いている精神がそこにある。」確認しておくとこの感覚器官〔だけ〕を有する身体、そして能力を欠いた精神というものは、スピリチュアリスムや古典的な観念論と相容れないものでは全然ない。「この立像にわれわれが一本のバラを提示するとしよう。すると、われわれにとってはバラの香りをかぐのは立像であるが、しかし立像にとっては、立像自身はこのバラの香り以外のなにものでもないだろう」（『感覚論』I、一、二）。ここでのコンディヤックの発想〔外的世界と内面意識との区別がない状態を想定すること〕はバークリー（一六八五〜一七五三年）の非物質主義的知覚論から遠くはない。とにかくも、香りから最初の「印象」が生じるとき、立像のなかで「注意 attention《アタンシオン》」が作動し始める。このようにあらゆる能力は、知性にせよ意志にせよ、感覚の認識的〔注意的・能動的〕側面と感受的〔触発的・受動的〕側面という二重性にもとづいて発展していくのである。

　だが、こうして五感が発生していくというストーリー〔この後『感覚論』では他の四つの感覚についてさらに詳しく記述が続いていく〕は、現実に観察・目撃されうるプロセスではない。むしろこのストーリーは、ある原理を実証しようとするために用意された一種の論証だといえる。「たとえば、嗅覚しかない人間というのはありえない。そのような動物は自己保存をするために身を守るすべをもたないことになるから。しかし、われわれが観察しながらなした推論の真理によるならば、われわれが自分自身について少しの反省をするだけで、人間のなかに見出されるすべての観念とすべての感覚は嗅覚から生じてくるということは、充分に承認できるのである」〔『感覚論抜粋』〕。かくして分析的方法は、〔経験という〕リアルな実在と合流することで、そのまったき正当化を獲得する。「〔分析的方法による感覚論の〕体系はなるほどいくつもの仮定にもとづいているが、それら仮定から引き出される諸帰結は、われわれの経験《エクスペリアンス》によって確証されるのだ。」

（c）「ひとつの学をよく扱う技術とは、その学のための言語をつくる技術であるに尽きる」とコンディヤックは、彼の著書『通商と政府』（一七七六年）序文のなかで書いている。コンディヤックから影響をうけた化学者ラヴォアジェは、一七八七年に『用語法の改良〔化学命名法〕』を出版した。コンディヤック思想の継承者の一人ラロミギエールは、一八一一年にパリ大学教授就任講義でこう宣言した。「人間精神の働きは総じて分析という営みに存する。ということは、人間精神の働きは総じて言語技術に存する。」言語哲学が、おそらくコンディヤックの最も独創的な功績であろう。コンディヤックの晩年の著作は、言語記号のもとで人間特有の認識が発展するさまを探求しており、そうして言語哲学と分析方法論との相互性を確立しようと努めている。「良くできた言語 langue bien faite」として学を定式化すること。ここに、十八世紀後半のあらゆる学者たちの努力が重ね映されているのだ。

イデオロジー学派とは——この関係十八世紀終盤の時代、化学者ラヴォアジェも、動物学者ラマルクも、皆彼らの著作の序文にコンディヤック的方法論の幅広い学術的有効性への賛辞をはっきりと記していた。これはすごいことで、ほとんど前例もない。医師バルテズ〔『人間の学の新綱要』、一七八八年〕や、精神医学者ピネル〔『精神病にかんする医学‐哲学的論考』、一八〇一年〕についても同様であった。いやもちろん、これら近代的学問諸分野の祖である人たちがコンディヤックの名を挙げたことの実質的意味はケース・バイ・ケースで、それぞれ別の異なったニュアンスにおいてだという面はあろう。これらの人物たちまでをイデオローグという名で呼ぶかどうか？　さすがに私たちはためらいを感じる。しかし、ピネルのような人の仕事はやはり、カバニスの仕事がごく当然にイデオロジーに属すると考えられるのと同程度に、イデオロジーに属している。実際彼らの同時代には、そうみなされていたのだ。

イデオロジーとはこれこれのものだ、と、史実的に定義することができるだろうか？　厄介なことに、この語がつくられた時点では、そうした学派ができるなどということは予想されていなかったはず。もしかりにそれはコンディヤック学派だ、というふうにいってしまうと（アドルフ・フランクの『哲学事典』がそうしているように）、範囲が広すぎる、あるいは狭すぎるように思える。デステュット・ド・トラシー以来、コンディヤックの諸テーゼをひとつも否定しなかったイデオロジストというのは、ただの一人もいないのだから（彼ら自身は自分たちのことを《イデオロジスト》と呼んでいて、他方ナポレオンは批判的・蔑称的に《イデオローグ》と彼らを呼んだのだった）。

のちにダミロンが『十九世紀フランス哲学史試論』のなかで、こう解釈している。イデオロジーに対立するものがなにかあったかといえば、当初は文学上の対立しかなかった、と。ダミロンが文学上の対立者として名を挙げたのは、サン＝マルタン、ベルナルダン・ド・サン＝ピエール、スタール夫人、シャトーブリアン〔ロマン主義の代表的先駆者たち〕であった。イデオロジーは厳密な意味での学派を形成しはしなかったというべきなのだろう。でもそうだとしても、少なくともイデオロジストのグループというものがあったのだ。メンバーたちの思想傾向はあまり均質ではないが、当代最高の名士たちが集い、敬意と友情をもって交流した、そういうグループが（これだけでもすでに大変なことではないか！）。

このグループに所属しているかどうかの基準は、もとはといえば疑いなく、エルヴェシウス夫人が主宰するオートゥイユ通りのサロンへの頻繁な出入りということにあった。これはのちに、学士院《アンスティテュ》への所属というかたちに変貌していった。革命暦Ⅳ年（一七九三年）のブリュメール三日、国民公会はピエール・ドヌの発議にもとづいてひとつの法案を可決した。すなわち、公教育を組織し、科学・人文学の発展を担当する国立学士院を創設し、共和国の全般的利益と栄光に資するものとする、という法であった。学士院は「物理学・数学部門」「精神科学・政治学部門」「文学・芸術学部門」という三つの部門で構成された。そして第二の精神科学・政治学部門のなかには、六つのセクションが置かれる。「感覚と観念《イデー》の分析」「道徳」「法学」「経済学」「歴史学」「地理学」。このなかの第一セクションの名称が、そののちの未来、イデオロジー学派の定義を表わすわけだ。学士院のこのセクション創立時のメンバーは、ヴォルネ、ガラ、ガングネ、トラシー、ラロミギエール、ドジェランドであった。

これらの思想家たちは、それぞれに異なる教育を受け、異なるキャリアを経てきている。法学、医学、神学、等々。彼らは政治、法律、そして科学をめぐる同時代の大論争を無視することはなかった。ニュートン物理学からアルブレヒト・ハラーの生理学まで視野に入っていた。彼らイデオロジストは皆、すすんで生得観念という説を投げ捨て、そして皆、分析的方法を採り入れた。ただしイデオロジストたちにとってコンディヤックの著作自体はあくまで研究方法の一提案にすぎないのであって、彼らは自身の研究をまったく自由に展開した。イデオロジーとは、コンディヤック主義をめぐる絶えまない論究、であったのだ。

「哲学《フィロゾフィ》」という名称さえ、伝統的すぎるという理由で、避けられたようだ。革命期一七九五年に新たに中等教育を担う学校として各地に創立された中央学校《エコール・サントラル》に、「一般文法」なる科目の教員が配置された内幕はそういうわけだったのだ。さてこの時代時期、ドイツではカント的批判哲学が多大な影響を広げていたのだったが、このカント哲学とイデオロジーとの平行《パラレル》関係は明白であった。——古典的形而上学が陥っていた二律背反《アンチノミー》からは、脱出しなければいけない。マテリアリスム〔唯物論〕とスピリチュアリスム〔唯心論〕のどちらの肩も持たないことが、肝心だ。——こうした新しい発想はカント的批判哲学とイデオロジーとに共通していた。とはいえカトリック教会がフランスにおいて演じていた役割は大きくまた特殊だったがゆえに、ドイツとフランスとでは、政治的・宗教的な文脈は非常に異なっていた。

　またくわえて、イデオロジストたち自身がどう自己認識していたにせよ、イデオロジーはひとつの〈心理学〉であるにとどまった。イデオロジーは「超越論的分析論」〔カント『純粋理性批判』の中心部分〕のようなものを構想することはできなかったし、またそう欲しもしなかった。カント哲学は知られていたし注釈もされていたのだけれども、認識のア・プリオリな条件をめぐる超越論的問題設定というカントの独創性は理解されていない。かなり早くからカント思想の解説書は出ていたが〔ヴィレール『カント哲学』一八〇一年、キンケル『カント哲学の解説』オランダ語からの仏訳版一八〇一年〕、イデオロジストたちはといえば、彼らは形而上学的生得説と心理‐生理学的経験主義とのあいだでどちらをとるか、という二者択一の枠組みを出ることはなかった。結果として、生理学的イデオロジーと、「スピリチュアリスム的」イデオロジーとのあいだにひそむ裂け目が、ほどなく現われてくることとなった。前者の代表者がカバニス。後者の代表者がラロミギエールであった。

ピエール・ドヌ（一七六一～一八四〇年）は、公教育にかかわる重要な法律をとりまとめる光栄にあずかった。この法律には学士院の制定ということが含まれ、そして彼は学士院の創設初回の会議を主宰した。若き日はオラトリオ会員でもあったこの人物は、国民公会、第一帝政下の護民院〔法制審議院〕そして王政復古期には下院でと、各政体の議会で辣腕をふるった。ナポレオンとは敵対した。ただ帝政下で彼は帝国文書館の運営を引き受けた。王政復古後はコレージュ・ド・フランス教授も務めた。

ドヌは文学史と哲学史にかんする多くの著作を出したが、ヘーゲル的発想による新たな歴史哲学にたいしては批判的であった。「もし歴史学が必然の出来事の一覧表になろうと欲するならば、そのとき歴史は虚偽のもの、変質したものとなってしまうだろう。そうではなく、歴史を構成する要素とは、アクシデントであり、流動的なものである」と、ドヌは一八二九年にヴィクトル・クザンに語っている。イデオロジーに忠実であり続けたドヌは、彼のリベラルな信念を徹底的に守り続け、カトリック教会の権力は敵視した[1]（『教皇の世俗的権力についての歴史学的試論』一八一〇年、『個人の保証についての試論』一八一八年）。

（1）巻末参考文献【1】。

ドミニク＝ジョゼフ・ガラ（一七四九～一八三三年）は、まったくドヌとは反対に平凡な人物で、それゆえにどの政体《レジーム》にも順応していった。憲法制定議会で議員、国民公会で大臣（ルイ十六世にたいして死刑の判決を読み上げたのは、なにを隠そう彼であった）。総裁政府では大使、ブリュメールのクーデタ後は元老院議員、帝国伯爵。七月王政期に死去したときには貴族院議員かつカトリック秘密結社員であった。

唯一注目に値するのは、彼が師範学校《エコール・ノルマル》で行なった『知性の分析についての講義』（一七九五年）だ。聴衆の一人であった神智学者サン=マルタンとのあいだで交わされた有名な対話のなかで、ガラはあらゆる生得性を拒否することを主張し、ルソーに反対する仕方で道徳観念の生得性をも否定した。そして、マテリアリスムかスピリチュアリスムかというような、あらゆる形而上学的立場選択を非難したのだった。

デステュット・ド・トラシー（一七五四〜一八三六年）、この「イデオロジーの発明者」は、十八世紀末の典型的な啓蒙貴族のひとりである。伯爵。騎兵隊大佐。社交界にもかなり顔がきいた男。一七八九年の三部会ではトラシーは貴族代表の一人で、のちに第三身分代表にくわわった。ラファイエット（一七五七〜一八三四年）の命によって軍の一部隊の司令官を務める。八月十日事件の後トラシーは軍生活から退き、オートゥイユのサロンで隠棲する。コンドルセ、カバニス、ドヌらは友人だった。しかし恐怖政治下で投獄され、あやうく処刑されそうになった。獄中で約一年トラシーは研究に専心する。

学士院のメンバーとなり、公教育評議会にも参画（『教育システムについての所見』一八〇〇年）。中央学校での「一般文法」授業の制度化を主導した。トラシーは彼を高く評価するトマス・ジェファソン（一七四三〜一八二六年、アメリカ第三代大統領・任期一八〇一〜〇九年）のために『モンテスキュー「法の精神」注釈』を書き上げ、ジェファソンが一八一一年に英訳を出してこの書はアメリカで先に知られたが、フランスで刊行されたのは一九年になってであった。ブリュメールのクーデタの後に元老院議員、ついで帝国伯爵となったが、トラシーはナポレオンへの反対の動きをひそかに導き、一八一四年、ナポレオン廃位に賛成票を投じる。王政復古後は貴族院議員となった。

トラシーの一八〇一年から〇五年にかけて出版された主著『イデオロジー綱要』は、「論理学」と「文法論」による論構成であった〔続く「意志の理論」の部分はこの時点では未刊〕。デステュット・ド・トラシーはしばしばコンディヤックの路線から身を引き離す。トラシーは「信奉者ではなく、弟子」であろうと望む。そういうわけで、トラシーは諸能力の系譜学〔どういう順番で発生発達するか〕よりも、諸能力の組織化〔どう諸能力は互いに関係しているか〕のほうにより注目した。

さて、トラシーによるイデオロジーの位置づけは、なかなか両義的である。つまりイデオロジーは、諸科学を代表する学であると同時に、観念の学というひとつの個別科学でもある。そういう両義性である。個別科学としてみるなら、イデオロジーは表立って動物学に接近しているので、それはマテリアリスムなのではないかという非難が生じてきた。むしろトラシーの場合には、一種の実証主義たろうとすることが問題だったのだが。もっともトラシーは生理学的イデオロジーの展開にかんしては友人カバニスにゆずって、彼自身は「合理的〔理性的〕」イデオロジーという立場をキープした。

トラシーの最も独創的な分析は、運動性 motilite についてのものだ。運動性なしには私たちは、意志をもつことも、判断をすることもできない。たとえばこうだ。

「ある物体が現実存在するとわれわれが把握するのは、どんな理由でか。その物体がわれわれの身体運動にたいして障害物となり、われわれに抵抗《レジスタンス》の感覚をあたえるからである。」

あのコンディヤックの立像は、運動を欠いていたではないか。だから物体についていかなる認識ももたない。諸々の物体を知覚することも判断することもない。そう、ただ運動性のみが時間的持続を把握することを可能にする。そして物体の拡がりとは、〔物体の存在を把握するために視覚や触覚等が〕物体の表面を踏破するときに必要な運動の量についての継続的表象のことなのだ。このトラシーの主張は、まさにコンディヤック学説にたいする重要な修正である。しかも、後述するが、次世代のメーヌ・ド・ビランにとっての重要な考察材料ともなる事柄である。思考する能力は、感覚する能力に従属するだけでない。思考は、運動する能力にも従属しているのだ。

とはいえ、トラシーの論考『カントの形而上学について』は、ドイツ哲学の潮流にたいしてコンディヤック的分析を擁護するものであった。「ドイツの思想家たちは、コンディヤックは独断的学説《ドグマ》を立てなかったし、体系もつくらなかったし、心理学・宇宙論・神学にかんする諸々の問題を解消しもしなかったということを忘れている。ところがドイツ人たちはこれらの問題でもって形而上学を組み立ててしまっている。」したがってトラシーの考えでは、カント哲学はコンディヤックの『体系論』によってすでに反駁《はんばく》されていたわけなのだ。そして最後にこうまとめるべきだろう。イデオロジーはひとつの方法以外のなにものでもない。諸観念および諸観念の記号を分析し、おのおのの観念の特性を探求し、そしてそこから道徳的帰結を引き出すこと。これがイデオロジーである。

カバニス（一七五四〜一八〇八年）は、トラシーと並んで、あるいはトラシー以上に、最もよく引用されるイデオロジーの代表的人物である。

医師カバニスは、オートゥイユにたんに出入りしただけでなく、エルヴェシウス夫人の邸宅に一時住み込んでいた。ミラボーの友人で、革命初期から病院の設立および医学教育の整備にたずさわった。学士院で一七九五年以降読み上げてきた論考を集成し、『物理的なものと精神的なものとの関係〔身体と精神の関係」』（一八〇二年）として刊行。ブリュメール十八日のクーデタの後には元老院議員となっている。

カバニスはイデオロジーを医学の伝統と結びつける。つまり古代ギリシアのヒポクラテス文書から、ファン・ヘルモントの錬金術、そして十八世紀の生理学（ハラーやモンペリエ学派）へと連なる伝統のことである。三つの本質的な点で、カバニスはコンディヤックから遠ざかる。第一に、あの有名な立像の仮説での諸能力の発生プロセスという議論は、胎児の発達プロセスに置き換えられるべき（ただし正確な科学的観察はこの時代カバニスにも伴っていない）。第二に、コンディヤックは、私たちが意識をしない諸印象（内臓などでの）からできてくる内的感受性について、考慮をしていない。このいわば「感覚なしの感受性 sensibilité sans sensations」を考慮に入れるべきである。第三にそして最も重要なこととして、カバニスは本能という概念を復権させる。そしてそれを推《お》し進めて、「あらゆる物質に内在している一種の普遍的本能」（第一〇論考）という仮説を立てるまでにいたる。ニュートン的引力というのはこの普遍的本能の第一段階にすぎないのだ、と。

　立像の仮説において、コンディヤックはまったく単純に、身体というものを忘却していた。そして外的感受性しか考慮していなかった。でもじつは、香りと光景という最初の感覚の以前には、なにも書かれていない白紙《タブラ・ラサ》だけしかないわけではない。そうではなく、すでに内的感受性による諸記号の書き込みが存在しているのだ。まさにこの生理学的イデオロジーの論によって、カバニスは十九世紀全体にとって先駆者であり続けるのである。『物理的なものと精神的なものとの関係』を要約するものとして、次の絶えまなく引用され、また変形《デフォルメ》されてきたフレーズがある。

「思考の諸作用について正しい観念を形成するためには、脳を、観念を産出するようとくに割り当てられたひとつの個別器官としてみなすべきである。それは、胃と腸が消化作用を行なうよう、肝臓が胆汁をろ過するよう割り当てられているのと同じである。」（第二論考）

実際、カバニスは魂と身体とを分ける形而上学的二元論を非難し、〈人間の科学〉の統一性を基礎づけようとした（カバニスはフンボルトから借りてきた「人間学 anthropologie」という単語を新たに使ってもいる）。物理的なものと精神的なものとは、したがって、生命現象についての二つの「観点」にほかならない。だから二元論的デカルト哲学は、その生得説と機械論との両方にかんして、しりぞけられるのだ。

カバニスは彼の友人**ビシャ**（一七七一〜一八〇二年）と立場が近く、ビシャの仕事をよく引用していた。そのなかでも『生と死についての生理学的研究』（一八〇〇年）は一般に生気論的《ヴィタリスト》（生命論的）思想の重要著作として知られている。そうふまえるならば、『物理的なものと精神的なものとの関係』でのカバニスの立場と、のちの『第一原因についてのフォリエルへの手紙』（一八二四年、死後出版）での立場とのあいだに、矛盾は存在しないと解釈できる。『手紙』でのカバニスは「諸器官の生命運動が停止した（死んだ）後での生命原理と自我との存続に賛成する、ひとりの合理的人間の信念」を容認している。しかしながら、そのような存続の存在は感覚として与えられないし、そう信じる説得的な根拠が出てくることもけっしてないだろう。とはいえカバニスは「意志する知性なるものがあらゆるところに広がり、あらゆるところで働いている」と解するにいたる。ただ彼は知性という語以外はすべて語ることを差し控え、それを神と呼ぶことさえも差し控える。そもそもカバニスはあらゆる形而上学的独断を排除し、あらゆる実定宗教〔既存宗教〕を排除する。なににもまして「聖職者組織」などというものは。

コンスタンタン＝フランソワ・ヴォルネ（一七五七～一八二〇年）は、革命以前にはなんといっても『エジプトとシリアへの旅』（一七八七年）で有名だった。この決定的書物は、ナポレオンのエジプト遠征の計画立案に貢献しただけではない。「旅《ヴワヤージュ》」というジャンルそのものをラディカルに刷新したのだ。どのようにしてか。旅先で、ヴォルネは《古代》の記憶をまっさきに捜し求めようとはしない。そうではなく優れたコンディヤック主義者として、感覚からまず出発して、観念へと向かう。視覚的・聴覚的印象の記述（すばらしい筆致で書かれている）からまず出発して、エジプト・シリアを統べている貧困と圧政をめぐる省察へと向かう。こうした「哲学的な旅」においてこそ、各国のさまざまな慣習、風俗、宗教、制度等についての真の探求（歴史《イストワール》という語は古代ギリシア語で最初は「探求」を意味していた）がなされうるのだ。「よく見ることとは、ひとが思っている以上に多くの鍛錬を要する、ひとつの技法なのである。[1]」

（1）巻末参考文献【2】。

ヴォルネは一七九四年に師範学校《エコール・ノルマル》の歴史学教授に任命された。師範学校での彼の六つの講義の中身は、歴史物語という文学ジャンルにたいする舌鋒鋭い、辛辣な批判だ。「影だけを残して消えた諸事実についてのこの狂信的な描写。そんなもののなかで、滅び去り、再び生まれることのない諸々のはかない形態を認識できるという必然性があるのか？」。フォントネル（『神話の起源』一七二四年）を受け継ぐような仕方で、ヴォルネは物語る人間にたいして思考する人間を対置する。証言史料を分析するよりも、ヴォルネはむしろモニュメントの研究や考古学的考証のほうを好んだ。のみならず、非物質的なモニュメント、すなわち習俗、儀式、神話、そしてなにより言語の研究も重視した。「各言語の構成はそれ自体がすでに各民族の完璧な歴史なのである。そして言語間の系統関係や類似性は、〔言語や民族の〕起源をたどるための導きの糸となるのである」(第六講義)。もちろん、ヴォルネはまず第一には話される言葉に関心を向けるが、それだけではなく、彼は自分の人生をその終わりにいたるまで、東洋の諸言語の習得と転記にささげ尽くした。この仕事は、まさにイデオロジーを特徴づける典型的な努力の表われである。なぜならそれは、記号についての普遍的理論を構築しようとする仕事であるからだ。

『アメリカ合衆国の気候と土壌についての記述』もきわめて注目すべき著作だ。そのなかでヴォルネは、ルソーからシャトーブリアンにまでわたって展開されてきた、《善良なる未開人》という神話を熱っぽく批判した。フランス外務省の人員たち向けに一三五の『旅行者のための統計』(一七九五年)を執筆しもした。しかしヴォルネはイデオローグであり続ける。《啓蒙》の哲学の後継者であり続ける。なるほど彼は東洋のうちに狂信、専制を見て取った。しかし、やはり東洋においても、「感情のメカニズム」として説明できないものや、人間本性の統一性に反するようなものは、なにも見出されないのだ、とヴォルネは解する。だから、彼の最も名高い著作『廃墟、あるいは諸帝国の変遷についての省察』(一七九一年)もまた示しているように、前‐ロマン主義的な夢想などが問題なのではない。「自然法という万古不易の法典」の名の下に、地球上の全民族がフランス人民、「立法的人民」の周りにつどい集まるような、一種の合理主義的な神話が論じられるべきなのだ。

〈革命〉初期の熱狂のただなかにいたときでさえ、ヴォルネは啓蒙が行き着く帰結についてなんら幻想をもたなかった。「文明化した人民とは、この三世紀のあいだに、地上を自分たちの不正義によって埋め尽くした者たちのことではないのか？」」。ヴォルネは〈革命〉もまたそれ自身の神話を、しかもしばしば流血の神話をもつことに、目ざとく、早くから気がついていた。「諸々の神話についての批判的研究・系譜学的《ジェネアロジク》研究は、つねに繰り返しとりくみ直されるべきものなのだ」（『古代史新研究』一八一三年）。

ヴォルネは彼の友人**シャルル・デュピュイ**（一七四二〜一八〇九年）の仕事からアイデアを得ていた。デュピュイは国民公会および五百人会で議員を務め、またコレージュ・ド・フランス教授でもあった。コレージュ・ド・フランスで行なった講義をまとめた分厚い四巻本が『すべての信仰の起源、あるいは普遍的宗教』（一七九四年）である。この記念碑的著作は、コンディヤックの発生論的方法論から着想された、デュピュイのとてつもなく巨大な博識の集成である。歴史上最初の宗教なるものは、不可視のものの崇拝とはなりえなかった。そこではまだ「感覚界が、反省の働きよりも先に作動していた」（「序文」）からだ。ところでその後、人間が神々をつくり出した。「人間の眼前でたえず産出され続ける、驚嘆すべき諸結果」の原因を名づけるために、つくり出したのだ。さて、普遍的《ユニヴェルセル》宗教とは、《宇宙《ユニヴェール》》への崇拝である。他方、創造者としての《神》という観念、しかも世界から切り離された別のものとしての《神》という観念は、「相対的に遅れて後から出てきた、形而上学的妄想にほかならない」。デュピュイの学的体系は、かくしてあらゆる宗教のうちに、同一の《太陽信仰》というものを見出す。その同一の信仰が、記号の混乱やさまざまな名称の曖昧さによって、変形されているだけなのだ。宗教的象徴系の展開進化は、天文学的運動サイクルに従っている。キリスト教でさえじつはそれ自体、祭式という詐欺によって偽装された太陽神話にほかならない。そしてキリストという人物が歴史上に実在したかどうかは、きわめて疑わしいのだ。このようにして、荒々しい反《アンチ》キリスト教主義という帰結がデュピュイの思想には伴い、また同じくヴォルネの思想にもそれが伴うことになる。彼らにとっては、《聖書》によって歴史を神話化してしまうという神話作用は、ギリシア・ローマ神話によるそれ以上に、危険なものなのである。

マリ・ジョゼフ・ドジェランド（一七七二〜一八四二年）は、カトリック信仰者でまた君主制支持者であったという点で、いままでに登場した人物たちとはいささか異なっている。他方、くわえて彼はドイツのことをよく知っていた。ドイツ語、ドイツ文学そしてドイツ哲学を。著作『記号および記号の相互関係における思考の理論』（一八〇〇年）はイデオロジー学派の圏内にあったが、その後ドジェランドはイデオロジーから離れる。また論文『人間の認識の発生について』（ベルリン、一八〇二年）に含まれるカント哲学についての一章は、歴史的に最初期の重要なカント研究文献といえる。ドジェランドは「注意」にかんして、コンディヤック的発想からは離れ、別の哲学的立場をとる。「狭義の意味での感覚においては、魂は端的に受動的でしかない。まさに注意において、魂の能動性の働きが始まるのだ」（II、六）。

ドジェランドの関心は多分野にわたる。パリ法科大学の教授として、彼は近代的な行政法学の創始者の一人であった。またヴォルネに続いて、『未開人の観察のための方法の考察』[1]（一八〇〇年）という注目すべき著作を書いた。コンディヤックの立像モデルは、「アヴェロンの野生児」の観察にとって代わられるべきだと彼は考えた。あるいは、教育を受けていない先天的な聾《ろう》者の観察に。ドジェランドはイデオローグの一人シカール（一七四二〜一八〇二年）の後任として聾者担当の行政官を務め、『先天的な聾者の教育』（二巻本、一八三二年）という書物を著している。慈善事業に彼は大変に労力を注いだ。また初等教育協会の創立者の一人でもあった（『貧困者の視察員』一八二〇年、『道徳的改善』二四年）。

（1）「アヴェロンの野生児」とは、当時フランス南部で発見され話題となった、人間に養育されず野生で育ったとされる十歳ほどの男児のこと〔訳注〕。

彼の業績が以上のような種類のものだからといって、ドジェランドをエクレクティスム派に分類するわけにはいかない。きわめてしばしばそう分類されてきたのだが。やはり彼はイデオロジストである。ただし、イデオロジーとキリスト教とは両立不可能ではない、と考えるタイプのイデオロジストなのだ。彼は「形而上学が住まうこの英知的世界と、実証科学が見渡すこの社会的世界とのあいだに、なんらかの交渉通路を再確立すること」（『記号についての論考』）を試みたわけだった。

さて、ドジェランドの『人間認識の原理に関連しての哲学体系比較史』（一八〇四年）は、当時のフランスの読者に、ドイツ思想・スコットランド思想・そしてさらに中世思想について情報提供したという点で、第一級の史料的重要性をもつ書物である。のちにヴィクトル・クザンはこの書からまちがいなく多くを得ている。ドジェランドの比較史のオリジナリティは、たんなる年代順の記述なのではなく、まさに書のタイトルが示しているように、諸々の哲学体系《システム》の全般的な分類を行なっているというところにあった。この「一覧表《タブロー》」によって彼は、〔学問分類という〕ベーコンの企図を実現し、そして哲学史を「人間精神の普遍史の頂点」に位置づけられると考えたのである。

ラロミギエール（一七五六～一八三七年）は、コンディヤック思想からの離脱をさらに推し進めた。そのため彼は、イデオロジーの敵対者たちから自分たちの先駆者だとみなされるほどであった。早くから〈純理派《ドクトリネール》〉のなかの教育関連グループに属し、また彼自身いくつもの教育機関で教えた経歴をもつ。ラ・フレーシュ学院で教えていたときにコンディヤックの仕事に触れた。トゥールーズにいた一七八五年には司祭に叙階された。だが革命勃発後、革命の思想を受け入れて、九二年にラロミギエールはカトリック教会を去る。その頃『形而上学要綱の試み』という小冊子で名を知られ始めた。彼はオートゥイユの会合に頻繁に出入りし、コンディヤックの遺稿『計算の言語』を編纂出版、また自身では『コンディヤックの逆説』という小著を出した。学士院メンバーとなり、ブリュメールのクーデタのあと護民院議員、陸軍学校《プリタネ》の図書館長（一八〇三年）、そして帝国教育機関《ユニヴェルシテ・アンペリアル》[1]創設時にパリ文科大学教授に就任（彼の最初の公開講義は一八一一年四月）。講義は大変な成功を収めた。しかし健康上の理由で一三年に教授職を辞した。図書館職を続けながら『哲学講義』（一八一五～一八年、その後二〇、二六、三三年に再編集）全二巻の編集に専心した。彼の教え子であったクザンが、高校の哲学教育プログラムの作成をジュフロワと共に行なってくれるよう、ラロミギエールに依頼することになるだろう。精神科学・政治学アカデミー（ナポレオンによって廃止されたが七月王政下で形を変えて復活した旧学士院第二部門）のメンバーに友人ドヌ、ガラ、シエイエスらとともに名を連ねたのち、パリで死去。政治的にはリベラル派で、神の存在と魂の不死とを肯定するも、とはいえ彼がカトリックに再回心した形跡はない[2]。

（1）ここで「帝国教育機関」と訳した「universite imperiale」は、ユニヴェルシテといいながらこれは大学ではなく、文部省とは一応区別された、学校・教員を管轄する全国組織としての教育委員会のような機関である。「文学部〔文科大学〕」「法学部〔法科大学〕」といった単科大学的なかたちでいわゆる大学は第一帝政以後存在をしていたものの、ユニヴェルシテという名で《大学》がフランスで正式に復活するのは、一八九六年のことである。本書第四章一四五ページも参照〔訳注〕。

（2）巻末参考文献【3】。

一八一一年の「推論の言語について」と題された開講講義が示しているように、コンディヤック的方法論に忠実であるという点では、やはりラロミギエールはイデオロジストの一人である。しかし、ラロミギエールはコンディヤックの体系をある本質的な一点で打ち崩す。それはドジェランドがすでに提起していたポイントでもある。すなわち、「感覚」というたんなる受動性が、「注意《アタンシオン》」というまったく性質の異なる能動性の契機に変わるなどということは理解不可能である、という点だ。「魂のなかには、魂の能動性よりも先行するようなものはなにも存在しない。私がいいたいのは、魂の能動性がそれより遡《さかのぼ》って起源として見出すような契機はなにもないということである」（第六講義）。こうした着想から帰結してくるものをラロミギエールは徹底的に展開し、そしてコンディヤック『感覚論』における諸能力の後天的発生という論をしりぞけるにいたる。ラロミギエールは指摘する。感覚が注意に変貌することなどありえない。感覚と知性とのあいだには根本的な断絶があるのだ、と。精神《エスプリ》の一次的な能動性の肯定。そして論理学ないし存在論にたいする心理学の優位。これらの主張によって、ラロミギエールの講義は時代を画するものとなる。つまり彼は、十九世紀のフランス・スピリチュアリスムの先駆者なのである。メーヌ・ド・ビランやクザンのような人びとがなした批判の声と賞賛の声はともに、この点でのラロミギエールの重要性を証言している。

　さらにいえば、のちのエクレクティスム派が支配的になる時代に、ヴァレットや精神医学者エスキロルらといった一種のラロミギエール学派と呼べるものさえ形成された。そのなかの代表的存在は文科大学《ソルボンヌ》でラロミギエールの後任となった**ジャン＝ジャック・ド・カルダヤック**（一七六六〜一八四五年）だろう。カルダヤックは彼の師以上にカント哲学に通じており、また言語についての独創的な論考を書いた。そこでいう言語とはたんに記号ではなく、「思考の表現であり身体である」ものだ。諸観念の習得は、「内心での発話」（『哲学の基礎研究』、全二巻、一八三〇年）に依存しているのである。

フランソワ・メーヌ・ド・ビラン（一七六六〜一八二四年）は、少なくとも彼の最初の公刊著作、一八〇二年の『習慣論』にかんしてはイデオロジーの圏内にいる〔＝ビランの前期思想〕。『習慣論』は学士院の賞を受賞した。なるほど『習慣論』でビランは人間精神の本質的能動性を主張し、彼の後の独自な思想がすでにそこで姿を垣間見せてはいる。しかし彼の友人トラシーやドジェランドは『習慣論』のビランを彼らの同類のひとりとして認知した。実際エルヴェシウス夫人のサロンにビランは通ってもいた。彼のオリジナルな仕事の練成が始まっていったのは、一八〇三年以後になってからである。これまた学士院の懸賞論文コンクールに応募した論考であった『思惟の分解』がその端緒なのだが、ビランはこれを活字化することを結局断念した。彼の主要な仕事はほとんどが生前未刊のままになるのだった〔これらビランの中期・後期思想については次節三九頁以下で解説〕。

II　スピリチュアリスム　十九世紀フランス哲学のひとつの本流

スピリチュアリスムとはなにか？——ヴィクトル・クザンと彼の弟子たちエクレクティスム派が、復古王政期（一八一四〜四八年）のフランスに登場する〔エクレクティスムという言葉については後の四七頁を参照〕。クザンたちは、彼らの敵である先行世代のコンディヤック主義者らをマテリアリスムであると非難する。それにたいして、自分たち新世代はスピリチュアリスム的立場をとると主張するのだ。

他方でスピリチュアリスムという語ないし立場は、自分にとっての先駆者だとクザンがみなしていた上の世代のロワイエ＝コラール、ラロミギエールそしてメーヌ・ド・ビランには拡大適用される。たとえばクザンの弟子ダミロンは著書『十九世紀フランス哲学史』を改訂する際に、ラロミギエールを初版では「感覚主義者」と分類していたのを、改訂版では「エクレクティスム」の分類のほうに移動させている。またドジェランドについてダミロンはこう書いている。

「……先ほどわれわれが言及した二つの著作からすると、ドジェランド氏はイデオロジー学派に属する。しかしながら、だからといってこの学派の信奉者たちの一部が主張するマテリアリスムの見解をドジェランド氏が共有していると推測するのは、誤解であろう。……氏はいつでもスピリチュアリストである。ドジェランド氏は思想の原理からしてスピリチュアリストである。そしてラロミギエール氏と同様に、もともとのコンディヤック学説とは異なる思想をもつにいたった他のある種のコンディヤック主義者たちとは、氏は区別されるのである。」（第五版一八三五年、第三巻、一〇九頁）

コンディヤック主義を「感覚主義」やマテリアリスムと同義とみなすことは、最初は悪意からのものだった。そうした事情をふまえずに、コンディヤック主義イコール感覚主義イコール唯物論《マテリアリスム》というのは思想史上の事実である、などと事後的に決めつけてしまうような、この種の混同・混乱のリスクは実際しばしば思想史研究で生じるものではあるが。とはいえ、ドジェランドやラロミギエールのような人びとを指し示すためにのちにF・ピカヴェがもちいた「スピリチュアリスム的イデオロジー」という表現ははたしてありなのかなしなのか、クザン派のなかで論争の種となった。もしドジェランドはキリスト教徒でラロミギエールは理神論者《ディスト》であると認定すると、コンディヤックの分析的方法論と両立不可能な思想なんてなにも存在しない、ということになってしまうじゃないか……。

スピリチュアリスムと形容できる人びとの範囲は、このように広がりがちだ。広がりすぎないように、こう限定しておくのが望ましいだろう。つまり、帝政期・復古王政期に、表立ってイデオロジーに反対したないしは少なくともそれを乗り越えようとした人びと、たとえばロワイエ＝コラール、ビラン、クザン、というふうにしよう。ちなみに約一世紀ののちに、ラシュリエはA・ラランド編『哲学用語事典』（一九二六年）のなかで、スピリチュアリスムの思想内容とは「精神、いいかえれば意識的思惟の独立性と優位を承認するあらゆる学説」だと記している。

十九世紀のフランスにおけるスピリチュアリスムの登場と展開は、三つの特徴のもとで進んでいく。

（a）スピリチュアリスムは、能動性と受動性との根源的な区別をめぐる省察である。この点でスピリチュアリスムはイデオロジーと問題設定が近接する。いやむしろ、イデオロジストたちにとって早くから主題化されていた、外的世界の実在性《リアリティ》をちゃんと語れるかという問題に近接しているというべきだろう。立像の仮説なるモデルから出発してしまうと、コンディヤック哲学はどうやっても観念論《イデアリスム》〔主観の内面については語れるが、主観の外の世界についてはなにごとも語ることができない、という立場〕から脱出できなくなってしまうのではないか？　コンディヤック自身は、触覚に頼ることで問題解決を試みた。デステュット・ド・トラシーはこの問題の解答を、運動性と抵抗感にもとめた。抵抗感こそは私たちに諸々の物体の現実存在を知らしめるものなのだ、と。だが〔受動的〕感覚からどうやって〔能動的〕知覚へと移行するのか？　かくしてイデオロジストのなかでも最も聡明な者たちはだんだんと、注意そして意志のイニシアティヴということに重要性を置くようになっていった。しかしスピリチュアリスムを観念論と同化させてしまわないよう、防御を固める必要がある。まったく逆に、コンディヤック主義の観念論的解釈という強い誘惑に抗するもの、それこそがスピリチュアリスムなのだ。

(b) スピリチュアリスムという語は、物理的決定論から独立した、〈精神の自由なイニシアティヴ〉ということを含意する。したがってスピリチュアリスムには、原因としての魂——ただし実体としてではない——というものを承認する発想がある。スピリチュアリストはそれゆえ少なくとも理神論者であり、魂の不死性と神の存在とを認める者である。なるほどスピリチュアリストはキリスト教徒なのかもしれないが、だが教会の教義《ドグマ》への同意や、ましてやカトリシスムへの服従などということは、まったく全然必要ではない。したがってスピリチュアリスムは、観念論ともカトリシスムとも同一視されてはならない。実際クザンらエクレクティスム派が掲げるスピリチュアリスムの立場は、カトリック教会の側からきわめて激しい攻撃を蒙《こうむ》ったのである。

(c) 政治的には、スピリチュアリスムはリベラルである。ここで要注意なのは、政治用語としての「リベラル〔自由主義的〕」という語は古代以来の《自由職》〔自由人にふさわしい職業〕等といった表現とはまったくなんの関係もないことだ。この点は誤解しないようにしたい。「リベラルな思想」という表現は、一七九九年のブリュメールのクーデタの後に、初めて公式の声明のなかに出現するようになった。では、それはどういう立場を指していたのか。

ナポレオン時代のスペインで、ナポレオン体制の傘下に収まることと旧来のスペイン絶対主義王政の復活との両方を拒否し、そのいずれでもない政治体制の確立を模索する立場の議員たち〔カディスの国民議会での）が、リベラル派と呼ばれた。つまり、これが「リベラル」の位置づけである。リベラル派は、一七八九年大革命の政治的・社会的成果を保持し、旧体制《アンシャン・レジーム》への舞い戻りを拒否する。だがリベラル派は同時に、ジャコバン派国民公会による「過剰」と「虐殺」の諸々をも拒否する。だからリベラル派は、ナポレオンの没落後、ルイ十八世の《憲章《シャルト》》〔憲法〕によって創設された〈立憲王政 monarchie constitutionnelle〉という中庸な体制を受け入れる。そのように〈立憲王政〉を是認したうえでリベラル派は、反動でも急進でもない「物事の自然な性質」にかなった適度な速度での、〈共和政《レピュブリク》〉ないし〈民主政《デモクラシー》〉へ向けての政治的進歩という事業にこの時代とりくもうとするのである。政治的リベラルの基本的定義はそのようなものであるとして、さて、具体的政治実践という段階で出てくる、リベラル派内部でのニュアンスのさまざまな相異は少なくはない。たとえば一八三〇年七月革命の騒乱時にルイ・フィリップを擁立し七月王政を成立させたリベラル派たちとは、もし立憲王政が崩れて未熟な共和政になったら、暴力と無秩序《アナルシー》＝無政府状態がなし崩し的に到来しかねないのではと警戒するタイプのリベラルであった。補足すると、政治的リベラル（あるいは経済的リベラル）という分類が、哲学的スピリチュアリスムという分類よりもずっと広い幅のものであることは、いうまでもない。

ピエール＝ポール・ロワイエ＝コラール（一七六三〜一八四五年）は、のちにリベラルと形容されるような種類の、初期の大革命の動きを好意的に受け入れたブルジョアジー・官僚・貴族らによるグループのなかの典型的な人物であった。もとは弁護士で、革命初期は一七九二年の八月十日事件までのあいだは政治活動の日々を送った。一七九七年に五百人会議員〔下院議員〕に選出されるも、フリュクティドール十八日のクーデタで王党派の彼は当選無効とされた。そして一七九七年から一八〇三年までのあいだ、のちにルイ十八世となるプロヴァンス伯に助言し情報提供するための秘密会議を主宰していた。一八一一年にロワイエ＝コラールは、帝国教育機関総長フォンターヌの力添えによって、パリ文科大学教授に任命された。王政復古下では、議会において「純理派《ドクトリネール》 doctrinaires」と呼ばれる学者系の議員グループの代表となった。ロワイエ＝コラールは、追随される存在というよりは、尊敬され、助言を求められる存在だった。《憲章》に彼は非常にこだわり、立憲王政・世襲貴族院の維持とリベラリスム政治の擁護とを両立和解させようとした。彼が、カトリックの熱心な信者でありながら、冒瀆禁止法に賛成票を入れることを拒んだのは、そういうわけだったのである。ロワイエ＝コラールの思想原理とは、トクヴィルが指摘していたように、リベラリスムと革命精神とを区別することであったのだ。

　ロワイエ＝コラールの活字化された哲学的著作は、一八一三年の開講講義以外では、ジュフロワが翻訳編集した『トマス・リード全集』に併録されている講義録断片にほぼ尽きる（第三、四巻）。それらの講義録断片は、内容に哲学的価値があって重要というわけではない。むしろ、イデオロジー思想とその諸前提からのまったくの断絶を表わしているという点で、哲学史的な区切りとして重要ということである。ラロミギエールにとってもそうだったように、もはや諸観念の分析をあれこれ手直ししていくことが問題なのではない。あらゆる「観念主義《イディスム》」はしりぞけられねばならない。なぜか。知覚という問題にかんする哲学史を振り返ってみると、デカルトからコンディヤックまでにわたって、対象〔客体〕と意識〔主体〕とのあいだの位置に「表象的観念」が仕切りのように置かれてきた。しかるに近代哲学におけるこうした自称ないし他称観念論は、社会にとっても宗教にとっても、全面的で破壊的な懐疑主義へと行き着くしかない。というのも——とロワイエ＝コラールは繰り返し強調するのであるが——懐疑主義のほどよい妥当な位置づけなどというものはないのだ。「もしわれわれが諸々の観念以外のものを見ていないのであるならば、それならどうやってわれわれは、自分が見ているものが、自分が一度も見たことがないものの像《イマージュ》であると知るのだろうか?」(Ⅲ、一四九頁)。観念論に結びついたこの懐疑主義に対抗して、ロワイエ＝コラールは、スコットランド学派のトマス・リード(一七一〇～九六年)の仕事に依拠し、外的世界の実在性《リアリティ》は私自身の存在の実在性と同じく確実であると示そうとする。私たちはまさに自分のなかに、自身の内的経験において、実体・因果性・持続という〔外的世界の原理を表わす〕観念を見出すではないか。「人間精神の哲学は、自然諸科学と同様に、事実の学である。」ここに私たちは、スピリチュアリスム的、反省哲学的、さらには現象学的なひとつの伝統の起源といえるものを目撃する。すなわち、ロワイエ＝コラールからジュフロワ、ラニョー、メルロ＝ポンティと続いていく、フランスにおける知覚の哲学の伝統の始まりである。

メーヌ・ド・ビラン(一七六六～一八二四年)は、一八〇三年に『思惟能力への習慣の影響』を出版したあと、生前はほとんどなにも刊行しなかった。わずかに挙げられるのは『ラロミギエール氏の哲学の検討』(一八〇七年)と、ミショーの『世界人名事典』(一八一九年)に収録された『ライプニッツの哲学学説の解明』ぐらいだ。彼の哲学的仕事のエッセンシャルな部分は、クザンの手によって一八三四年と四一年に『哲学的著作集』全四巻としてひとまず出版された。ただ未刊原稿群のばらばらな刊行のあとで、包括的なかたちでのビランの『全集』刊行の企図が実行に移されるのには、ずっとのち、二十世紀に入るのを待たねばならなかった。くわえて重要なテクストとして、往復書簡集とそしてなにより彼の私的な『日記《ジュルナル》』があるのだが、この『日記』も長らく部分的にしか知られてこなかったのである(1)。

（1）巻末参考文献【4】。

ベルジュラックの郡長という役職を一八〇六年から一二年にかけて務め、とくに経済分野にかんして行政手腕を発揮した。一八一二年に立法院〔帝政期の下院〕の議員となる。一八一四年にはナポレオンと対立、皇帝退位を求める側についた。ルイ十八世によって授爵され、復古王政下で改めて議員の席を占め、一年間をのぞいて終身その地位にあり続けた。強硬王党派《ユルトラ》とは厳しく対立し、自身を「政治では懐疑主義者」と称していた。のちの私たちの眼からすれば、ビランは中道右派と呼びうるポジションに属していたことになる。「平等というのは、今世紀の狂気である。この狂気は、社会を破壊の危機にさえさらすものだ」（一八一七年九月二十二日の『日記』）。まだデモクラシーは過激と感じられていた。

ベルリン・アカデミーによる「内的統覚というものはあるのか？」という題の懸賞に応募した論文でビランはメダルを獲得したが、当の論文を公刊はしなかった。パリの学士院で賞をとった『思惟の分解』も同様。一八一一年にコペンハーゲン・アカデミーの賞を受けた「人間における物理的なものと精神的なものとの関係〔人間の身体と精神の関係〕」も出版されず。数々の未公刊論文とともに、『心理学の基礎』もまた一八一二年に未完成のまま放棄された。だがまさにこの『心理学の基礎』は、著者自身満足することなく何度も書き直しては断念された〔ビラニスムと呼ばれる中期ビラン思想を代表する〕重要な論考である。

メーヌ・ド・ビランは、コンディヤック的な生得観念批判にはもはやけっして依拠しないだろう。ただ彼は分析的方法を放棄することはなかったし、カバニスが彼に教えた生理学的データの重要性を忘れることもない。そしてコンディヤック以前の形而上学体系にたいしてイデオロジストたちが用意した防御・反感はそのまま受け継いだ。ビランが心理学と内的感覚に訴えるとき、彼が意図しているのは生理学への対抗というよりはむしろ、生理学に依拠していると自称するマテリアリスム的還元主義への対抗なのであった。ビランは、旧来の伝統的教条主義《ドグマティスム》に舞い戻ることなく、啓蒙思想による科学的成果のすべてを保持するべきと考えた。そして最終的には、形而上学的な意義をそなえた、人間の学 science de l'homme を確立することを意図したのであった。カント的批判哲学が彼の歩みに役立つ手段を提供できたかもしれなかったのだが、メーヌ・ド・ビランは、一八一五～一六年に書かれたメモがあるとはいえ、本当の意味でカント思想を知ることはなかった。

『ラロミギエール氏の哲学の検討』は、ビランがどういう点でイデオロジーから離れるかを明確に示してくれる著作だ。ラロミギエールは感覚と注意とのあいだにある種の区別を提示した。たしかに。しかしビランからすると、ラロミギエールが真に新しい視点を提供したとまではいえない。なぜなら彼は魂の能動性のありかを、「自我」がもつ固有の「感情 sentiment」〔感覚、感知〕とは別のところにもとめてしまっていたからだ。「能動性の原理にまで遡《さかのぼ》らない限り、われわれはこの能動性をうまく理解することができない。それが意識に現われうる最も単純な行使様態にまで遡らなければ」。さて、その「原初的感情」とはなにか。それはトラシーも言及していたあの感覚だ。そう、筋肉的「努力 effort」の感情である。ビランは指摘する。「努力の感情は、したがって、原因と結果とが区別されて与えられつつも、まさに唯一にして同一の意識の事実の要素として与えられるという、この原初的関係の諸項〔原因‐結果、運動‐抵抗〕をつなぐつながり、このつながりを作りなすものなのである。」

かくして、中期ビランはもはやイデオロジストではない。いやむしろ、『習慣論』の第二版を刊行して以後、自分はイデオロジストではなくなったと自覚するようになった、というべきか。一八〇三年の時点ですでに、彼はドジェランドへの手紙でこう書いている。「よき読者は、〔『習慣論』の〕いささかマテリアリスム的な文体や表現という見かけの下にある、私の学説の根本を見分けられるはずです。読者は本書の論全体をたどっていくことで、二つの生《ヴィ》の区別ということを理解するでしょう。一つめの生は〈有機的な生〉、二つめの生は〈知的な生〉と呼ぶことができる。有機的な生は受動的なもので、本能・純粋に触発的な感覚・情念・そして情念に動かされる限りでの想像の諸作用に結びついている。他方、知的な生はまったく能動的であり、知覚・判断・意志・あらゆる運動・そして自然的記号および制度的記号は、この知的な生に依拠しているのです」〔革命暦一一年ヴァンデミエール二十六日の書簡〕。見かけのボキャブラリーに惑わされず丁寧に読むと、どうか。ビランとイデオローグたちとを分けるものとは、後者が加担していると想定されるマテリアリスムではない。そうではなく、まさに二つの生という事柄を承認するかどうか、これが分かれ目なのである。カバニスが物理的観点と精神的観点という二つの観点でとらえられつつも一つのものたる人間的生の統一性を主張したところに、そこにビランは、新たな二元性、〈有機的／知的〉ないしは〈有機的／超有機的〉という二重性を導入するのだった。

この新たな二元性は、実体についての古い形而上学的二元論〔思惟実体と延長実体〕へのたんなる舞い戻りではない。そのことは、ビラン的「自我 moi」の表象不可能な性格が示している。「自我」は、物体ないし対象にかんするどのような観念を使ってもいい当てられないなにかだ。

「自身の作用においてみずからを感覚しみずからを統覚するところの自我それ自体は、自分を対象として見るのではないし、自分を現象として想像するのでもない。」（『思惟の分解』）

まさにここに、メーヌ・ド・ビランが、分析的方法から〈反省的方法〉への移行を行なったことの理由がある。というのも、想像力は想像力自身を想像することはできないし、推論能力《レゾヌマン》〔理性〕は推論能力自体を推論することはできないではないか。私が想像力や推論能力自体について観念をもちうるとすれば、それは私が「生の根底そのものである、内的努力」（『日記』、一八二三年十月）を作用の現場でとらえることによってのみなのである。この内的努力のことをビランは「超有機的な力《イペルオルガニク》」とも呼ぶことになるだろう。こうして、カントからもデカルトからも等しく隔たった、ひとつの新たな主観性の哲学が始まったのだった。この主観性の哲学は、じつに独創的な、〈身体の哲学〉でもある。内的努力で感じられる身体。魂と身体との関係にかんする伝統的難問は、〔直接的に内から〕感じられる有機的身体というものを見逃していて、それを〔傍観者的に外から〕表象されるだけの「二次的」身体と混同してしまうことによって生じていたのだ。「意志が肢体を動かそうとするとき、もし運動性の諸器官が内的に感じられ内的に統覚されるのではなく、ただ表象されるだけだったとしたら、どうか。そのような場合には、意志が生まれることとすらけっしてなかったはずだ」（『心理学の基礎』）。

くわえて、身体の内的経験もそれ自体さらに、二重の経験である。この二重の内的身体経験として、ビランは能動性と受動性の区別という事柄を新たに発見してみせる。つまりこうだ。一方で、身体は自我の意志能力と一致協働する。だが他方で、自我はみずからが身体に依存させられ、隷属しているとも感じる。こうした二重の経験である。ビランが実存の直接的感情、つまり快適さの感情や苦痛の感情に、絶えず注意を払っていたということを『日記』は示している。

さて、ビランの後期哲学——ひとはこれをいささか不当に、ビランの宗教的哲学と呼んできたのだが——においてもやはり、内的経験における能動性と受動性についての省察は、中心的である。超有機的な力である限りにおいて、自我は、主観性という性質を帯びたひとつの身体に、内的に結びついている。たとえ生理的諸器官がつねに基盤になっているように見えるとしても、あくまでこの結びつき自体は超有機的なもの、内的なものである。だとすると、もはや自我の能動的意志に依存することのない平安の時、エクスタシーの時、至福の時というものには、どういう意味が与えられるべきなのだろうか？〈動物的な生〉は〔物質的身体に隷属する〕受動的な生を特徴とするものであるが〔そして〈人間的な生〉は努力の能動性を特徴とする〕、それとはまた別種の受動性によって性格づけられるような、〈精神的〔霊的〕な生〉というものがあるということなのか？

死まで一年も残らない頃に、ビランは『日記』のなかにこう記した。「生の両極端な低次と高次との二つの様態《モード》においては、魂はただ蒙《こうむ》る〔受動する〕ことしかできない。低次様態においては、物体的な事物と現世のものごとを蒙るのみ。高次様態においては、神的ななにごとかを蒙るのみ」（一八二三年十月）。ビランは、後期においてはじめて主題として浮上した〈精神的な生〉のごときさまざまな超自然的状態についても、物理的・生理学的な事象がかかわっているかどうか、問い求めることをやめなかった。哲学者ビランの〈意志の哲学〉に伴っていたストア派《ストイック》的な道徳は、彼の晩年において、キリスト教的な新プラトン主義への憧憬《スピリチュエル》によって補完されることとなったのだった。だがしかし、フェヌロン（一六五一～一七一五年）の宗教的著作の読者となっていた晩年のビランは、それでもなお、どうやら本当の意味での回心はけっしてしていなかったように見える。

アンドレ＝マリー・アンペール（一七七五〜一八三六年）は、妻の死後にカトリシスムに再び立ち戻った。そしてリヨンで一八〇四年にキリスト教グループを結成した。まさにそんな時期に、アンペールはメーヌ・ド・ビランとのあいだで互いに書簡を交わしていたのだった。

この重要な往復書簡のやり取りのなかで、アンペールは少しずつ心理学的現象の分類と新しい命名にとりくみ、心理学が十九世紀にひとつの科学になっていく一助を提供した。アンペールは「感覚システム」と「能動的システム」とを区別すべきだと考える点でビランと意見が一致する。感覚システムとは受動的に受け取られる諸感覚であり、能動的システムとは努力の意識と自己意識（これをアンペールは自己視《オトプシー》と呼ぶ）によるものである。アンペールのオリジナリティは、関係の直観（統合視《サンテトプシー》）という契機をつけくわえたことにある。直観される関係とはどういうものか。それは感覚的諸印象からは独立したもの、すなわち英知体《ヌーメノン》（数学的公理、因果性、論理学的原理）とみなされるものどもだ。この関係の直観という契機を導入することによってアンペールは、彼がカント哲学のうちに見出していた相対主義を克服することができると考えた。[1] 物理学者が現象的世界（感覚される限りでの小さな太陽）のかなたに英知的世界（知解される限りでの真の太陽）を把握するのと同様にして、哲学者は努力する瞬間的な自我のかなたに、英知的で恒久的な自我というものを想定することができる。かくして、時代の最大の知性の一人がひとときのあいだなした学科横断的思索として、このスピリチュアリスム的形而上学は生じたのだった。

（1）「現象（フェノメノン）」と「英知体（ヌーメノン）」（物自体）との区別は、カント『純粋理性批判』の主要論点のひとつ〔訳注〕。

アンペール、むろん彼は電磁気学の創始者である。[1] 一八三四年に、アンペールは動物学をモデルとして諸学の全般的分類の手法を提案する。ところでじつはこの分類はまさしく、宇宙論的諸科学（自然）と精神諸科学（精神）との区別ということから始まるものなのであった(2)（『科学哲学試論、あるいは、すべての人間認識の自然的分類の分析解明』一八三四年、第二巻は彼の息子によって刊行）。

（1）電流の単位「アンペア」は、彼の名前が由来である〔訳注〕。

（2）巻末参考文献【5】。

ヴィクトル・クザン（一七九二～一八六七年）は、じつに若くして、エクレクティスム派の代表として頭角をあらわした。

革命初期の混乱のさなかパリで生まれる。庶民階層出身だった。一八一〇年に師範学校に入学。その後復習教師《レペティタール》となり、師範学校の助教授となり、そして一五年には文科大学でのロワイエ＝コラールのポストの代講教授に着任した。一七年クザンはドイツに旅行し、そこでヘーゲル（一七七〇～一八三一年）と知り合った。強硬王党派《ユルトラ》による反動政治の嵐がフランスを吹き荒れた時期、クザンはそのリベラリスム的傾向を弾劾され、二〇年に文科大学での職を失った。王党派政権は師範学校それ自体がリベラル派の温床であるとみなし、二二年には師範学校を閉鎖さえしてしまった。公の職を失ったクザンは、デカルトの著作の校訂編集、プロクロスの著作の翻訳編集、プラトンの著作の翻訳といった仕事に専念した。二四年にクザンは再びドイツへ旅立った。だが、フランス警察の指図によって彼は旅先ドイツでなんと逮捕されてしまう。ベルリンで三か月間投獄をされた。この《クザン事件》は大変な騒動となり、ベルリン大学教授ヘーゲルがクザンの釈放を求めてプロイセン当局に介入を行なったほどだった。

その後一八二八年、比較的中道なマルティニャック政権の成立下で、ヴィクトル・クザンは文科大学《ソルボンヌ》での教授ポストを、同じく政権によって排除されていたギゾー（歴史学）およびヴィユマン（文学）と共に、取り戻した。この復職した三人の教授は、リベラルな若者たちから途方もない熱狂で迎えられた。哲学史を論じるクザンの講義は、毎回終わるやいなや、ただちに印刷刊行され国内外で読まれた。そこには《ここで大きな拍手が起こる》などといった聴衆の反応も記録されている。[1]

（1）巻末参考文献【6】。

一八一三年のラテン語学位論文のなかでクザンはコンディヤックを（分析的方法にかんして）熱く称賛していたが、しかし実際にはこの時期すでに彼はラロミギエールから影響を受けており、そしてロワイエ＝コラールに敬意を払っていた。またその頃にはフランスでもカントとその後継者たちの哲学が、スタール夫人・ヴィレールそしてなによりドジェランドの仕事のおかげで、ある程度知られ始めていた。文学的にも政治的にも哲学的にも十八世紀思想の意義およびその到達点としてのイデオロジー思想の意義にたいして、大革命の一連の出来事との関連から、疑問符をつきつける情況が熟してきていたのだ。かくしてクザンは彼の主著『哲学的断片』一八二六年版の序文にこう書き記すだろう。

「あらゆるジャンルの廃墟のただなかで、われわれは生まれた。いまわれわれは、再構築への欲求を感じている。」

エクレクティスムとはしたがって、たんに〔前の世代のマテリアリスム的風潮にたいする〕なんらかのスピリチュアリスム的反動の残響にすぎないようなものではない。エクレクティスムという語自体はこんにちではだいたい不人気なのだけれども〔通例日本語では「折衷主義」と訳される〕、しかしこの語はたしかに、そう、『百科全書』の「エクレクティスム」項目から採られてきたものなのだ。項目の筆者ディドロ（一七一三～八四年）は、「あらゆる哲学」の批判的吟味たるエクレクティスムなる立場を、一方で、複数の大哲学者から借りてきた意見を調整するだけに甘んじるぼやけた混淆主義《サンクレティスム》とは異なり、そしてもう一方で、あらゆる態度決定を禁じてしまう懐疑主義《セプティシスム》とも異なる立場として、位置づけたのであった。

クザンのエクレクティスムは体系というよりもひとつの方法論、ひとつの解釈技法である。さて、ではどういう哲学的・哲学史的な方法論なのか。「エクレクティスムは、あらゆるさまざまな哲学体系を通覧することから出発して、少数の原理要素を抽出しようとする。それら原理は調和しあっていると同時に対立しあっており、つねに戦争状態にありつつ、不可分である」（『哲学第一試論』講義の編集刊行版序文）。そうしてとり出される要素とはなにか。当初クザンは、要素たる根本的哲学体系としてはまだ二つのものしか認めていなかった。すなわち感覚主義《サンシュアリスム》（ロック、コンディヤック、エルヴェシウス）と観念論《イデアリスム》（バークリー、ドイツ哲学）との二つということ。一八二九年の講義以後は、クザンはそれにくわえて懐疑主義（ヒューム、ヴォルテール）と神秘主義《ミスティシスム》（サン＝マルタン、スウェーデンボリ）との二つを考慮に入れるようになる。かくして四つの哲学体系が、一つが他を生み出すという仕方でまさにこの順番で歴史に登場してきて、そして、哲学史全般にとっての一般的解釈体系を構成するものとなる。クザンはこの〈感覚主義・観念論・懐疑主義・神秘主義〉という同じ四つ組の連鎖が、古代西洋においても見出され、また同様に、古代インドにおいても、中世西洋においても、十七世紀においても見出されると考えた。この四つ組は人間精神の本性に結びついており、繰り返し立ちかわり登場し対立しながら、進歩とともに、和解していく。進歩、それは人間精神の歴史的展開が顕現させていくものだ。エクレクティスムは矛盾の弁証法〔ヘーゲル的な、相互否定を原理とする弁証法〕によって進むものではない。エクレクティスムとは、各々の哲学原理が自分こそは唯一の哲学体系を自分だけでつくりあげられる原理なのだと不当に自負するときに、そのうぬぼれた自負に抵抗し、均衡と〔諸原理の相互補完による体系全体としての〕完全性を漸次的に発見していく、そうした思想なのである。だから、エクレクティスムの芽生えをプラトンのうちにすでに見出すことも可能だし、またとりわけ、調和の思想家ライプニッツのうちに見出すこともできよう。

基本的原理の連鎖を見抜き、引き出してくることはどのようにして可能になるのか？　それは、哲学的方法論と心理学的方法論とを連結させることで可能となる。この手法はデカルトがもちいていたものである。さらに遡れば、ソクラテスが使っていたものだ。一八二八年の講義のなかでクザンは（第八講義）、コンディヤックが体系《システム》をなすタイプの哲学を批判したことにたいして、こう反論する。「哲学は、少数の人間たちがもったんなる夢なのではない。哲学とは、人間本性の必然的な欲求の展開なのである。……人間本性が歴史をうごかす素材であるのと同様に、歴史はいわば人間本性を裁く裁判官である。歴史的〔哲学史的〕分析が、心理学的分析の妥当性を検証するのだ。」人間本性（心理学）から歴史へ。そして歴史から人間本性へ。クザンのこの言明は循環論法だろうか？　実際多くの注釈者たちが、エクレクティスムは循環論法的であるという非難を投げかけてきた。クザンはある原理をえり抜きして、暗に根本原理として想定してしまっているのではないか。できあがった体系にしてしまっているのではないか。すなわち、いささか古い伝統的なスピリチュアリスムという体系に？　そうした疑問にたいするクザンの答えは、こうだ。「歴史とは、人間本性の大局的な表象である。〔個々の人間の〕意識においてはほとんど覚知されていない人間精神の輝かしい諸性質が、歴史というかたちで守りかくまわれているのだ。」なるほど歴史的方法は事柄を深く解明するものだとしても、あくまでそれは発見の方法である。歴史的方法が事柄として最初のもの、第一のものだということを意味するわけではないのだ。

「心理学的方法論をわがものとすることは、哲学をわがものとすることそのものである。」十八世紀思想は、哲学は経験と諸能力の分析とにもとづくべきだ、と思い込んでいた。しかしいまや、完成した心理学的方法論があれば、ロック以来の経験主義と、ドイツ哲学によって更新されたアプリオリ主義とを、最終的に和解させることができる。クザンは、経験にもとづく心理学から出発して、魂の存在と神の存在とのスピリチュアリスム的肯定にまでゆきつくことができるはずだ、と考えた。

「〔心理学的〕方法の第一の効果は、存在論《オントロジー》を延期することである。方法によって存在論は延期されるわけだが、破壊されることはない。」（『哲学的断片』一八二八年版序文）

まさにここが、クザンがカント的批判哲学と対峙するポイントとなる。クザンは一八二〇年の講義においてすでに、カントが提示していた一二のカテゴリー〔純粋悟性概念。思考の条件であり規則となるもの〕はつまるところ、二つの思考法則、すなわち実体の法則と因果性の法則とに帰着するものだ、とのとらえ方を示していた。〈人間は必然的にこれらの法則に従って思考する〉ということから、ただこれらの法則のみが人間の条件に根本的に関係する唯一の法則群なのである、などということはけっして帰結しない。なのにカントはそう信じていたように見えるのだ。なるほど理性は、意志的で自由な自我との関連においては、〈主観的な〉ものであるといわれうるかもしれない。けれどもしかし、個々人の理性ではなくてそのものとしての理性、理性それ自体は「非‐個人的」〔非‐人称的〕なものなのである、とクザンは指摘する。そして「人間理性の諸法則は、理性そのものの諸法則と別のものではないのだ」（『哲学的断片』序文）。この「非‐個人的理性」というテーゼが、心理学〔個人の思考・知性・感情の分析〕から存在論〔世界の成り立ち・根拠への問い〕への移行を保証するものとなる。

というような以上の議論をすっきりと理解するには、次のテーゼ、ヴィクトル・クザンの思想におけるまちがいなく最も独創的なテーゼから全体を理解するのがよい。すなわち、〈自発性《スポンタネイテ》〉と〈反省性《レフレクシヴィテ》〉との区別、である。このテーゼは核心的なものだ。なぜならば心理学と存在論との関係、および心理学と歴史との関係を分節化するのがこのテーゼだからである。「あらゆる主観性もあらゆる反省性も、統覚の自発性 spontanéité のうちでは消える。……たしかに反省の光はわれわれを強く導く。しかしながら、反省＝反射はしばしばその忠実でない照らし方によってわれわれを鈍らせ曇らせる。より原初的な光の純粋さを曇らせてしまうのだ」（同上）。〈自発性〉という原初的な光。クザンはこれを核心とみなす。この自発的統覚の瞬間的ではあるがまさに実在的《リアル》な事実というものを、カントは見逃していたのだ。同様にフィヒテ（一七六二〜一八一四年）にたいしても、彼の哲学は反省の立場にとどまっており、〈自発性〉という事柄を見落としていたと非難をしなければなるまい。

ところで〈自由《リベルテ》〉という事柄にかんしてはどうか。自由は、自発性とも反省性ともイコールではない。自由とは、「意志のうちで見出され、反省される」ところのあの潜在力のことだ。だが自我が理性と混ざり合うことがないのと同じく、自我が純粋な自由（能動性そのもの）と同一になるということもなおさらない。クザンは述べる。「自由は自我の理想である。自我は自由を分有する。しかしながら、自我が〔最初から〕自由のなかで存在するということはない。」ここでもまた、心理学〔私の自我とはどういうものか？〕が存在論〔そもそも自由とはなにであるか？〕へのアクセスを提供しているのだ。

〈自発的なもの〉と〈反省されたもの〉というこの区別は、歴史一般と〈哲学史〉との区別でもある。くわえて、東洋世界と西洋古代ギリシア・ローマ・キリスト教世界との区別にも対応していよう。全般的な仕方でいえば、「自発性と反省との差異だけが、ひとりの個人を他の同胞たちから分ける差異をつくりだす」（一八二八年の第二講義）。このことは諸個人についてと同様に、さまざまな人民《プープル》についてもあてはまる、とクザンは述べる。この主張は、彼の楽観主義《オプティミスム》とリベラリスムとの最も注目すべき側面のひとつだ（この言明があらゆる人種差別的理論を排除している点を私たちは注記しておこう）。「人間性＝人類の魂は、詩学的《ポエティーク》な魂である。この魂は自分自身のうちに存在の深い秘密を見出し、そしてそれらの秘密を預言者的賛歌として表現する。そうした歌たちは一つひとつの時代で鳴り響いていく」（同上）。人間性の真の歴史とは、その内的歴史、すなわちひとつの人民・ひとつの時代・ひとつの国によって表象＝代表される理念が定義され表出されるプロセス、なのである。クザンの二八年講義が若いロマン主義者たちにあたえた影響はかなりのものだった。キネやミシュレのような若き次世代たちは、クザンの歴史哲学を引き継ぎ、一時代の精神はまず地理的領域において現われたあと、次に産業・法律・芸術・宗教・哲学といった構成要素に顕現してくる、という発想を保持し続けるだろう。

さて、歴史におけるいわゆる偉大な人物というものについてはどう考えるか。偉大とされる人物たちとは、それぞれの分野の歴史的展開にとっての「宿命《デスタン》の道具＝楽器《アンストリュマン》」であり、歴史のなかで各分野職務が有する理念を代表＝表象するものである。このような考え方を見るかぎり、ヘーゲルの歴史哲学からの影響は明らかであろう。若い頃のクザンは彼の偉大な友人ヘーゲルへの賛辞を隠さなかった。もっともヘーゲル主義は、すぐにリベラル派に敵対する勢力の側から、非難の的とされたのであったが。

ヴィクトル・クザンの歴史的楽観主義は、力強く表明される。人間の歴史は「諸々の廃墟のうえでしか前進できないが、しかし、必然的に前進する」。歴史は諸々の誤謬の歴史なのではない。むしろ、諸々の不完全な真理の歴史なのである。そしてそれら不完全な真理は諸々の闘争と戦争をとおしてみずからを完全化させていくのである、と。こうした考えにたいして批判も出てくる。フランス革命のすべての側面を歴史上必然的なものだったと解したことによって、クザンは批判を受けた。「歴史とは、ひとつの頑強な幾何学《ジエオメトリー》である」等々といった定式化にたいしては、クザン思想は宿命論《ファタリスム》である、との非難も受けた。彼自身はいつも宿命論を批判していたのだが。

クザンはリベラル派の若者たちに、ワーテルローの結果から生まれた立憲王政の《憲章》を称賛するよう、うながしていた。ワーテルローの戦い〔一八一五年にナポレオンが「百日天下」で一時的に帝位に返り咲いた後、最終的な決定的敗北を喫した戦い〕、それは「等しく兵役についていた二つの体系、絶対君主制とデモクラシーという二つの体系のあいだで戦われた、流血の闘争」であった。クザンが《憲章》の擁護をうながすのは、そこに彼がエクレクティスムの精神の政治的体現をみていたからだ。クザンは二七年にこう書いている。「エクレクティスムの理念は、今世紀における哲学の理念である。この理念を現実化する人物が現われるはずであろう、というのもそうした人物は必要＝必然的だからである。」疑いなく、彼は自分自身のことを念頭においていたにちがいない。ましてやその後の、一八三〇年の革命的出来事の際には〔七月王政期のクザンとクザン派については第二章八五ページ以下で後述〕。

テオドール・ジュフロワ（一七九六～一八四二年）は、師範学校で早くからクザンにその才能を見込まれていた。復習教師を務めた後、師範学校の助教授となった。一八二二年に師範学校が閉鎖されたことで、ジュフロワは社会的に不安定な身分になってしまい、私的な講義を開いて生活をつないでいた。

しかしながら、二八年には再び元の仕事に戻ることができ、そしてラロミギエールが占めていたポストを継いで文科大学でも教えるようになった。魅力的な人格。どこかメランコリックでロマンティックな雰囲気（彼は結核で夭折《ようせつ》することになる）。解説の才能。雄弁な力強さよりもむしろ〈繊細の精神〉にのっとったスタイルによって、ほどなくジュフロワは広く注目を集めるようになり、そしてヴィクトル・クザンと並び称される存在となった。とはいえ、哲学史家エミール・ブレイエ（一八七六～一九五二年）がそう信じていたように、ジュフロワに師匠クザン以上の重要性・優先性を振り当ててしまうのは無理筋だろう。ジュフロワはつねにクザンの仕事を援用していたのだから(1)。

（1）巻末参考文献【7】。

最初にジュフロワの評判が上がったのはスコットランド学派の著作の翻訳によってだった。デュガルト・ステュアートの『精神哲学要綱』仏訳（一八二六年）、そしてトマス・リードの『全集』仏訳（全六巻、二六～二九年）である。各仏訳書に彼が付した序文も良質だった。また自身の講義でも、ジュフロワは心理学的分析、道徳的分析、美学的分析（没後一八四三年刊行の『美学講義』がある）ですぐに注目をされた。

ジュフロワ心理学の最重要テクストは、デュガルト・ステュアート『精神哲学要綱』仏訳への「序文」

である。その中心テーゼはこうだ。人間知性に特有の「ある種類の諸現象というものがある。意識はこの種の現象の劇場である。これらの〔内的な〕現象は、〔外的な〕感覚的諸現象と同様に実在的《リアル》で同様に動かし難いものである。ただこれらは、感覚的諸現象とは別の性質のものなのである。とはいえこの諸現象を統べている諸法則は、感覚的諸現象と同様の仕方でもって規定されえ、同様の確実性でもって確証されうる」。感覚的観察と内的観察〔内奥感〕との平行論《パラレリスム》というテーゼ。この平行論の肯定は、まちがいなく、のちの十九世紀全体を通して展開されてゆく、意識の事実の学としての心理学をめぐる百花繚乱の議論の起源をなすものだ。ジュフロワ思想においては、この平行論は他の二つの真理と結びついている。「第一に、あらゆる哲学的問題は、見逃されてきたこれら諸現象の観察によって解決されるということ。このことは、自然学的問題が感覚的諸現象の観察によって解決されるのと同様である。第二に、三千年来議論されてきた哲学的問題であったとしても、決定的に、いいかえれば科学的に解決されないものはただのひとつとしてないということ、その理由は、哲学者たちがこれまでそうした問題にかんして規律ある研究をおこたってきたからである。」まさにこの言明には、ベルクソンまでを含む十九世紀フランス・スピリチュアリスムの全体を方向づけるだろうものがある。

哲学的問題の「科学的」解決なるものの可能性への信頼。この信頼は、ジュフロワがとりくんでいた、人間の〈運命〉という問題においてもあらためて見出される。ジュフロワは自分が哲学へと「回心」した経緯を物語っていた。「私はあの十一月のことを忘れはしないだろう。それ以前の私にとって、自分自身の疑い深さ《アンクレデュリテ》〔不信仰〕は覆われていて、見えなくなっていた。だがあの十一月、その覆いのヴェールが引き裂かれた。……私は知った。私自身の存在の根底において、かつて壊れずにあったもののすべてが、もはや存在しなくなっていた、ということを。……私は疑う者となった。しかし同時に私はその疑い深さを嫌った。かくしてこの出来事が、私の人生の方向を決めたのだった」（一八四二年刊の『新雑録集』、一一四頁）。

　この個人的経験が、人間全体の歴史にまで拡大され、『ル・グローブ』紙に一八二五年に掲載された論文「教義《ドグマ》はいかにして終わるか」となった。この論文はすぐさま有名になり反響をまき起こした。

　かつて宗教的教義は運命という問題へのひとつの答えであった。しかるに、歴史のすべては盲目的信仰と理性とのあいだでの葛藤を表現している。だからこそ、ジュフロワにとっては懐疑主義が重要性をもつ。「懐疑は人間的現象である。懐疑は、人間に特有な他のすべてのことと同様に、人間本性の偉大さと弱さとを証言している」（『懐疑主義について』一八三〇年、後に『新雑録集』一八三三年版に収録）。教義が死に、革命という危機の後で、他の信念が生まれてくる。しかしながらジュフロワは、キリスト教にある特別な位置を与えてもいる。「この世界の支配という事項はキリスト教の手のなかに残されている。キリスト教は諸宗教のなかの最後の宗教になるだろう。」でも、少なくともジュフロワの精神からは、すでにキリスト教は出ていってしまったのだ。たしかに。「出ていきながら、キリスト教は、あらゆる信仰の芽を持ち去ってしまった。だが、キリスト教のあとを継ぐのは新たな宗教ではけっしてない。哲学こそが、キリスト教のあとを継ぐのである。」

Ⅲ 伝統主義〈革命〉の負の遺産を清算せよ

復古王政期の〈伝統主義《トラディシオナリスム》〉思潮。思想史を描く際の習慣からすると、ふつう、この〈伝統主義〉というタイトルの下に分類されるのはどういう著者たちかというと、カトリシスムを論拠とし、そしてフランス革命について、神秘主義的とまではいかないにしても、神学的《テオロジク》な解釈を提案する、そういう著者たちである。だがここで、〈伝統《トラディシオン》〉という単語のニュアンスに惑わされないよう、私たちはガードを固めなければいけない。なぜか。このいわゆる伝統主義者たちにとって、伝統への依拠ということの意味は、伝統こそがもともと原理原則なのだ、ということではないからだ。むしろ、理性的《ラシオネル》＝合理的かつ歴史学的《イストリク》な批判を経た結論として、伝統への依拠という思想が導き出される、ということなのである。後述するボナールの大著『権力論』の書名を、省略しないかたちで思い出しておくべきだろう。すなわち、『理性推論と歴史学とによって証明された、市民〔世俗〕社会における政治権力・宗教権力についての論 *Théorie du pouvoir politique et religieux dans la société civile démontré par le raisonnement et par l'histoire*』。

実際のところ、伝統主義者たちは、結局ほとんどの場合、政治家や宗教権威の側から遠ざけられることになるだろう。ボナールは下院議員だったが、けっして王政復古の御用思想家にはならなかった。メーストルは、ピエモンテ＝サルデーニャ王国で重要な官職を歴任したほどの人物であったが、彼の思想自体はけっしてまともに理解されることはなかった。カトリック教会はどうだったかといえば、教会は、メーストルやバランシュに類する人びとのフリーメーソン的な〈照明派《イリュミニスム》〉思想にたいして、怪しげなものだと疑惑の目を向けていたのだ。結局のちにローマ教皇庁は、それら伝統主義者たちの「信仰至上主義《フィデイスム》」〔信仰を重視して理性を否定するあまり、正統教義をも無視しかねない傾向、というほどの意〕を繰り返し断罪することになるだろう。

あらゆる反革命の論者たちと同様に、伝統主義者たちもまた、イギリス人E・バークが著書『フランス革命についての省察』（一七九〇年）で展開した諸テーマを反復している。それはどういうものだったか。バークは著書のなかで革命家たちを非難した。革命家たちは、まるで〈フランス人民〉というものはつい昨日生まれたばかりであるかのように信じて振舞いたがっている、と。「あなたがたは、自分たちがかつてこれまで一度も文明化していなかったかのように振る舞いたがる。すべてを新しくやり直すことができるかのように振る舞いたがる」、だがそんなことは不自然だし、不合理である。「革新の精神というものは概して、利害の絡んだ視野と、狭量な視野との組み合わせでできている。」ここで理解すべきは、そうした視野は個々人が勝手にもっているだけものにすぎず、「ヨーロッパ共通の法の旧来の形態・旧来の原理から切り離された、空論」のたぐいに属する、ということなのだ。とはいえ、バークはホイッグ党員〔英国立憲王政の二大政党制における、より議会主義的・自由主義的なほうの党派〕でもある。なので彼は、自然権を否定しもしなければ、国民国家の立法権も否定しないし、絶対王政〔絶対主義〕という政体には批判的である。この点を私たちは確認してよい。しかし、やはりバークにとって同時に重要であったのは、「われわれの諸権利を、われらが祖先から委ね渡され、そしてわれらの子孫へと伝え渡してゆくべき、まさにひとつの遺産として主張し、肯定すること」であったのだった。

さて、伝統についての以上のようなバークの分析を、別の伝統のもとに置き移すと、どうなるか。この分析はまったく別の意味を帯びるようになる。つまりはフランスにおけるカトリシスムの伝統、ウルトラモンタン・カトリシスム(1)の場合である。この伝統はイギリスにおける「マグナ・カルタ」や一六八八年の「権利の章典」が表わす伝統とは、全然ちがう。フランスのカトリシスムの伝統とは、自然よりも、超自然的《シュルナチュレル》なものを重要視する伝統だ。自然は神の知恵によって秩序づけられているものにすぎない。ボナールが自身の理論を理性と歴史によって証明しようと企てたとき、理性という語は神の理性と解されるべきであり、歴史という語は神の摂理としての歴史解釈と解されるべきなのであった。バークは大革命を、神にたいする人間の反抗に起源を有する本質的に悪魔的な現象、とまではみなさなかった。だがボナールやメーストル、ラムネーはそうみなしていたのだ。バークとはちがって彼らは革命を、ルターの〈宗教改革〉に始まるひとつの歴史経緯がゆきついた最後のエピソードとして見ていたのだ。

（1）ウルトラモンタンとは、フランスやドイツから見て南の「山の向こう側」つまりローマの教皇の権威を重視ないし絶対視する立場のこと。各教会はフランス国家には属さず、直接ローマ教皇に属すると考える。そのためフランス中心主義のガリカニスムとは対立する。またより単純にカトリック内部の保守派というほどの意味でも解される。実際的・政治的には、首都の中央集権に抵抗する地域ナショナリズムという文脈を帯びることがある〔訳注〕。

ルイ・ド・ボナール子爵（一七五四～一八四〇年）が、伝統主義者たちのなかで最も体系的な思想を展開した人物である。軍隊での短いキャリアの後、ボナールはフランス南部のミヨーで、田舎の領地に住む貴族として生活を送った。一七九〇年に「聖職者公民憲章」〔カトリック聖職者をローマ教皇庁ではなく、フランス革命政府に従属させる法律〕が成立した後に国外へ去ったが、数年後、人目を避けて当初は秘密でフランスにもどっていた。ボナールはほとんどの時間をミヨーに引きこもって過ごし、そこで論文や著作を執筆、公刊した（『自然法についての分析試論』一八〇〇年、『離婚について』〇一年、『原初的立法』〇三年、『ヨーロッパの共通利害についての省察』一五年、『道徳的認識の第一の対象についての哲学的研究』一八年、『社会の構成原理の哲学的証明』二九年）。復古王政下でボナールは下院議員となった。さらに国務大臣、貴族院議員も歴任したのだが、一八三〇年以後、彼は完全に引退してミヨーに隠居した。[1]

（1）巻末参考文献【8】。

主著『権力論』（一七九六年）の序文は、一挙に思想原理を提示する。「政治的社会にはただひとつの体制《コンスティテュシオン》のみが存在する。そして宗教的社会にもひとつにして唯一なる体制のみが存在する。この二つの体制・二つの社会の結合が、市民的社会を構成《コンスティテュエ》する。二つの社会は、当該の社会を構成する存在者たちの自然本性から帰結として生じる。重力が物体の自然本性から帰結してくるのとまったく同様に、必然的に生じるのである。」しかるに、これらの真理が、人間の情念や野心、慢心によって見落とされることがあってはならない。「人間が社会を構成するのではない。社会が人間を構成するのだ。すなわち私がいいたいのは、社会的教育が人間を形成する、ということである。」

人間を社会の上に位置づけるという傲慢な誤謬《ごびゅう》が、「人民主権 **la souveraineté populaire**」という政治的ドグマのうちには表現されている。ボナールはまさにこの論点で、歴史を引き合いに出す。歴史が示しているのは、かつて人民が主権者であったことなど一度もないということ、人民という概念自体が伝統に依拠するものであるということ、だ。

「〝主権は人民に存する〟という、この一般論的で抽象的な命題。この命題は、いかなる適用例を受けとることもなかったし、受けとりえない。したがってこの命題は誤謬なのだ！」。

注目すべきはボナールがこう論じるとき、モンテスキューによる有名な法の定義、「事物の自然本性から由来する必然的関係」という定義を、とらえ直していることである。『法の精神』の文体を模倣してもいる。ただしボナールの目的はモンテスキューにたいしてこう反論することだ。神とともに人間が形成したものである宗教的社会へと、政治的社会は従属しなければならない。そして、そうした形で権力の統一性・不可分性が確立されなければならない、と。ボナールは「王政としての君主制」、世襲による絶対君主制という原理のみが唯一「自然である」とみなす。「権力は臣民たちから独立しているべきである。だが法からは独立していない。というのも、もし権力が法から独立すれば、それは専制政治となるからだ。そしてもし権力が臣民に依存すれば、それは民主政治になってしまうのだ。」フランス革命は、ボナールにとって、革命的無政府《アナルシー》＝無秩序状態という逆の例、反面教師を提供した。あの無秩序のなかで無神論《アテイスム》が、利害（略奪）、欲情（離婚）、恐怖（ギロチン）という手段でもって拡大伝播していった……。ゆえにボナールは結論する。政治的社会の人間にとって真の自由は、王政君主制においてしか存在しえない。そして宗教的社会の人間にとって真の自由は、カトリシスムにおいてしか存在しえない。なぜならば、自由は一般意志・社会意志と一致する必要があるからであり、けっして過度な自己愛にもとづいた個別意志・破壊的意志に一致してはならないからだ。かくして「一般意志」というルソー『社会契約論』の語彙は興味深いことに、ルソーに抗して、その意味を逆転させられた。いまや、ルソーいうところの人民の主権の性質（不可分性、不可謬性）は、神の主権のそれとなる。

同様に今度はコンディヤック主義を逆転することでボナールは、神的創造としての言語という彼の有名な言語論を提示する。人間的認識は言語なしにはなく、観念は語なしにはない。「思考する存在者は、語る存在者として説明される。人間は自分の思考を語る前に、自分の言葉を思考するのである」（『原初的立法』）。ひとつの国語《ラング》は、ひとつの思考方法なのだ。ただしコンディヤックが諸々の記号を、いいかえれば人間がつくった諸々の規約のみを見て取っていたところに、より深層でボナールが見て取るのは、「伝統ないし継承された言葉が家族のうちに保存している表現、不朽の書かれた文字《エクリチュール》が国家のうちに保存している表現」（同書）である。ここでもまた、観念を思考可能なものとすることができる唯一の原理たる社会的伝統は、神の原初的啓示にまで遡ることになる。人間の慣習が乱れる無秩序あるところにはどこでも、神の創造による自然的秩序がとって代わらねばならない。ところで、あらゆる慣習伝統は言語を前提している。あらゆる社会契約は社会を前提し、あらゆる「私」は「われわれ」を前提する。「したがって思考は、言語表現によって、人間にたいしてみずからを現わす、ないし啓示する。ちょうど太陽が光によって、光とともに、われわれにたいしてみずからを示すように。」

ジョゼフ・ド・メーストル伯爵（一七五三～一八二一年）も、サヴォワの法服貴族に属する貴族階級の人物であった。当時サヴォワはフランスではなくピエモンテ＝サルデーニャ王国[1]の一部だった。メーストルは自身の熱烈なカトリシスムを、サヴォワのフリーメーソンへの所属と両立させていた。このフリーメーソン集団はリヨン神秘主義派とサン＝マルタン主義からの強い影響下にあった。一七九一年以降、メーストルは反＝民主主義と反＝ガリカニスムというみずからの立場を公言した。フランス革命軍がサヴォワに進軍した後、メーストルはスイスのローザンヌに亡命。そこでスタール夫人に出会った。ローザンヌではサルデーニャ王の代理人として振る舞い、反‐フランス、反‐革命の蜂起を醸成しようと試みた。そしてボナールが『権力論』を出したのと同じ一七九六年に、『フランスについての考察』を出版した。一八〇二年から一七年までのあいだ、メーストルはロシアのサンクトペテルブルクでサルデーニャ王の代理人を務めた。一八一四年に『政治体制の産出原理についての試論』、一七年に『教皇について』を刊行。主著である『サンクトペテルブルクの夜会』と題された対話篇は、著者没後の出版となった。『ベーコン哲学の検討』も一八三六年になってやっと刊行された。

（1）トリノを中心とするピエモンテ地方と地中海のサルデーニャ島とを領地とする、のちにイタリア統一（一八六一年）を主導することにもなった王国。通例たんにサルデーニャ王国と呼ばれるが、フランスなどではより明解に領土実態を表わした「ピエモンテ‐サルデーニャ王国」の表現がもちいられる場合がある。一八六〇年にサヴォワ地方はニースとともに、イタリア統一戦争に協力した見返りとして第二帝政フランスに割譲された〔訳注〕。

ボナールほど体系的ではない。だがボナールよりも華麗な表現で、ド・メーストルはボナールのそれに近しい思想を著した。メーストルにとってもまた、大革命は、プロテスタント宗教改革に始まる長い道徳的・宗教的デカダンスからの帰結なのであった。メーストルもボナールと同じくバークから着想を得て、成文法なるものを断罪する。「というのも、ひとがなにかを成文法として書き記すのは、ぐらついた制度を擁護するためでしかないからだ」（一七九六年の言葉、ここでの批判の的は総裁政府）。とはいえメーストルは、これまたやはり、バークの議会主義的リベラリスムとは袂《たもと》を分かつ。なぜなら宗教においても（教皇の不可謬性）、政治においても、メーストルは絶対主義の擁護者であるから。

メーストルの思想に独自な特徴は、堕落・犯罪・贖罪《しょくざい》というリズムをつけられた悲劇的歴史観だ。これは、ボシュエ（一六二七〜一七〇四年）のような者たちの歴史神学よりもさらにずっと古い時代の摂理説にならおうとする歴史観である。かくしてメーストルは、《恐怖政治》の犠牲者たち個々人への運命の割り当てにまでも、神の選択が介入しているとみなす。合理主義的な神義論《テオディセ》〔全能にして善なる神が存在するならば、なぜこの世界に悪が存在するのか、という問題に答えようとする言説〕は、非難される。

すべては神秘であり、歴史と同様に、自然も神秘であるのだ。「ああ、自然科学は人間には高くついた！」（『サンクトペテルブルクの夜会』）。諸々の自然科学は超自然的なものへの感覚を人間に見失わせた。たとえば、祈りの有効性を。メーストルはベーコンとロックを猛烈に非難する。ロックについて『サンクトペテルブルクの夜会』ではこう述べられる。「ロックはすべてを否定した。すべてを動揺させた。すべてに抗議した。彼の鉄面皮には《否《ノン》》と書いてある。その《否》がロックの著書の本当の題名なのだ。そしてこの著書が十八世紀哲学すべてへの序文とみなされ、全部が否定的な哲学になり、したがって無価値なものとなった」（「第六対話」）。人間の傲慢による詭弁《ソフィスム》は、原罪を認めることを拒む。つねに現在する人間の罪責性を認めることを拒む。そしてその罪から流れ出る、贖罪の義務を認めることを拒む。

メーストルは、死刑執行人や軍人という者たちを、絶賛することをためらわない。くわえて彼は、啓蒙哲学のすべての理念をことごとく否定することに、一種の悦楽を感じているようにみえる。《革命》はその根底において「悪魔的」なものである。この革命は、《摂理》が欲した罰《シャティマン》として解釈されねばならない。革命がもたらした大量の殺戮は、人間理性の正義という短期的視野からは把握不可能である、神の正義を表現しているのだ。贖罪する犠牲という神秘によって、犠牲者たちの無垢が、犯罪者たちの頽廃を、償い、救済する。

将来の来たるべき神権政治への彼の信念がどのようなものであったにせよ、メーストルはまちがいなく、ヨーロッパ各国の王政が現実にたどったなりゆきには、失望していた。どの王政も、その根底にあるはずの宗教という基盤をあまりに忘却しがちでありすぎた。ゆえに彼の残る希望は、可視的社会としてこの世にあるカトリック教会へと、そして教皇座によって行使される霊的な権力の統一性へと、向けられる。この十九世紀において、ウルトラモンタニスムがいずれはついに勝利するはずなのだ。

フェリシテ・ド・ラムネー（一七八二〜一八五四年）もまったく同じく、ウルトラモンタンであった。一八一六年に司祭に叙階される。一八一七年と二〇年に『宗教にかんする無関心についての試論』の最初の二巻を出版した。これによってラムネーは広汎な支持者を獲得した。ラムネーはブルターニュ地方のラシェネーとマレトロワにサン＝ピエール修道会なるものを創設し、そこにすぐれた門弟たちを集わせていった（そのうちとくに著名な者にラコルデールがいる）。

ラムネーは、芸術を否定せず、文学を否定せず、科学も否定しないようなカトリック哲学の統一性を再発見したいと考えた。そうしたカトリック哲学においては、ヨーロッパおよびアジアの古代の諸言語の研究がかなりの部分を占めてしかるべきだ。そして研究は「常識〔共通感覚〕[1]と教会権威という二重の保護のもとで」実行される。ラムネーはみずから六つもの言語を教えていた。

（1）巻末参考文献【9】。

『無関心論』は、ボナールの諸テーゼを表立って引き合いに出す。しかも、さらに激しく論争的な語調で。

「ルター派、ソチーノ派、理神論者、無神論者、そうしたさまざまな名のもとに示されているのはある同一の学説の各段階局面なのだが、これらの者たちは、疲れを知らぬしつこい執着でもって、権威にたいする攻撃計画を続行している。」(「序文」)

ラムネーがここで明白に狙っている敵はデカルトであり、デカルトの《方法的懐疑》(デカルトが主著『省察』で展開した、少しでも疑わしいものはすべて全面的に疑わしいものとみなす、という方法論)である。『無関心論の擁護』(一八二一年)でラムネーは奇妙な対話篇を書いている。そこでは、一人のデカルト主義者が、ある狂人に反駁することができないことを認めさせられる。その狂人はこう宣言するのだ、「私はデカルトである」、と(狂人や睡眠者でも「私は思考する、ゆえに私はある」は妥当するとしたデカルトの論にたいする批判)。「不信仰は先の十八世紀の性格であった。われわれの十九世紀は、懐疑の世紀である。信仰に反抗する長い闘いによって消耗した理性はいま、もはや否定する力さえもってはいない。」デカルト流の実践的懐疑主義にたいしては、「常識と権威という方法」が対置されるべきだ。常識と権威、この二つの観念をラムネーは切り離さない。「カトリック信仰と人間理性は同一の基盤にもとづいており、同一の規則に従っている。ゆえに、とてつもなく不条理な論理におちいらない限りは、カトリックたるか、あらゆる理性を断念するか、どちらかであるしかないのだ」(『無関心論』III、第一章)。哲学が引き合いに出す人間(個人)の理性なるものは、人間一般の理性から切り離されることができず、神の理性からも切り離されえない。

キリスト教の教義を「共通理性」の仕上げ・完成とみなし、さらには聖書の編纂より以前の伝統の仕上げ・完成とさえみなす、個人理性ではとらえられない確実性についてのラムネーの考え。こうした考えは、実際のところ、ローマ教会から断罪されることとなった。〔この後、一八三〇年以後の七月王政期におけるラムネーについては、第二章第Ⅱ節九八ページで後述〕

ピエール＝シモン・バランシュ（一七七六～一八四七年）も、伝統主義の列に加えるべきであろう。たとえ彼の思想全体ではなくて、歴史の神秘主義的解釈という一部の点だけにかんしてであっても。

リヨンでカトリック王党派の環境のもとに生まれた。一七九三年に革命軍が反革命勢力弾圧のために行なった《リヨン包囲》から逃れたが、その後に続いた残忍なロベスピエール政権によるリヨンでの大虐殺は彼の心に深い痕跡を残した。一八〇一年にほとんど秘密出版のかたちで『感情について』を刊行。翌年のシャトーブリアン『キリスト教精髄』の登場を予言するかのような不思議な著作であった。バランシュはいわゆるリヨン神秘主義派グループのひとりである。一八一七年にパリに転居し、オ・ボワ修道院のサークルにくわわる。そのサークルの中心人物レカミエ夫人にプラトニックな崇拝をささげた。バランシュは一八四二年にアカデミー・フランセーズ会員にまでなったのだが、彼の仕事は友人たちのサークル内部でしかほとんど知られていなかった。

カトリックにして王党派のバランシュは、大革命が「犯罪の時代、誤謬の時代、そして狂気の時代」であったことをけっして忘れはしない。バランシュが伝統主義思潮の根本テーゼの考察にとりくんだのは、彼の最も体系だった著作『新思想との関連における社会諸制度についての試論』（一八一八年）のなかでだった。バランシュはいう。「できつつある物事の新たな秩序について確実性をもって推論するためには、いま改めて、社会が現に存在していたという事実に立ち戻って出発し直すべきだ。新しい物事が先行する物事からどんなに独立しているように見えても。それはちょうど、思考が次第に解放され自由になっていくのを把握するためには、言語という原初の贈与に立ち戻るべきなのと同様である」。

バランシュのオリジナリティは、社会の優位と言語についてのボナールのテーゼを、人間と人間の思考の「解放《エマンシパシオン》」というテーゼと結びつけたことにある。バランシュは進歩の思想家であり、歴史の諸々の断絶を乗り越えることができると信じている。『名もなき者』のなかでバランシュは、王殺し、国王ルイ十六世処刑に加担したひとりの国民公会議員を描いた。悔恨の念に蝕《むしば》まれ、自己嫌悪の迷宮に閉ざし込まれた者。だが二人の司祭が彼に教える。愛は人間的正義を越えるものであること、そして、贖罪と無垢とのあいだを媒介するなにかがあるということ。ルイ十六世は、「社会の変容のための神秘的犠牲だと」みなされるべきである。しかるにこの社会変容は、不可避であり、摂理としての意味を有するものなのだ。このようなわけで、シャトーブリアンのそれと近縁性をもつ、バランシュ的なリベラリスム〔王政を断固支持しつつ、進歩や自由の意義を全否定もしないという、強硬王党派とリベラル派との中間のような位置取り〕というものがあることになる。

『社会転生試論』（一八二七年）のなかで、バランシュは明確にジョゼフ・ド・メーストルに反対する。「私もまた新時代の到来を信じる者ではあるが、しかしながら、それはすでに開始していたなにかのことではないか。十九世紀はすでに以前から存在していたのだ、福音の法＝掟《ロワ》のまったき展開として。この法＝掟は人類にとっての唯一の道徳法則であり、あらゆる政治形態から完全に独立した無償の法である。またその意味で、ある人びとがわれわれに改めて押しつけようとしている、モーセの掟とはまったく異なるものである。」バランシュは伝統主義の思想原理を受け入れつつも、伝統主義の哲学がとる「反動的形態」についてはは遺憾に思う。ミシュレと同時期にヴィーコ（一六六八〜一七四四年、イタリアの哲学者）

を発見し、ヴィーコ思想からアイデアを得た仕方で、バランシュは、古代ローマ共和政におけるパトリキ〔貴族階級〕とプレブス〔平民階級〕との闘争を、普遍史の次元にまで拡大する。「プレブス主義」、換言すれば平等への行進は、「人間社会における《摂理》の普遍的な法＝掟」である。

バランシュの書き物のもうひとつの特徴は、歴史解釈における神話の使用であり、また、彼が古代ギリシア・ローマの伝統をキリスト教伝統に結びつけてそこに存する歴史的意味を示す際の仕方、である。一八一四年以後、バランシュは散文詩『アンティゴネー』を書き始める。不幸なる男オイディプスが、人間の宿命の象徴として現われる。「そしてこの男、廃位された王は追放の道を歩みゆく。つねにアンティゴネーが彼に伴う。天が彼のためにアンティゴネーを送ったのだ」（「エピローグ」）。アンティゴネーは「励まし慰める、助けの手を差し伸べる女神」であるが、しかしなににもまして彼女は「他者たちの過誤を償う純粋な犠牲者」なのである〔ギリシア悲劇の人物アンティゴネーに、キリスト教的贖罪の形象が重ねられる〕。人間の宿命の真理が、ひとつひとつの時代が徐々に更新してゆく神話のうちで、現われていく。そうして宿命は預言的意味を得るのだ。『社会転生試論』の第二巻は散文叙事詩『オルフェ』となっている。ロマン主義という言葉だけでは、バランシュの複雑な思想を特徴づけるには充分でないのだ。

Ⅳ　《新キリスト教《ヌーヴォー・クリスチアニスム》》——新たな社会をめがける閃光

フーリエ、サン＝シモン、そして少し後のオーギュスト・コント。こういった思想家たちをひとまとめにして呼ぶ際に通常使われてきた呼称は《社会哲学》だ。だがこの呼称はあまりに限定的にすぎる。また同じく《空想的社会主義《ユートピア》》という呼称にも、〔のちのマルクス・エンゲルスに比べて現実的でないという〕価値判断があらかじめ含まれてしまっている。しかも〝社会主義《ソシアリスム》〟という語がまだ流通していなかった時期の思想を、そもそもこの語で呼んでもいいのだろうか。むしろ《新キリスト教》という表現は、サン゠シモンの著書のひとつのタイトルであるわけだが、この《新キリスト教》という表現のほうが、本節でとりあげる上掲の思想家たちの哲学的野心をよりよく説明してくれるはずだ。

その内実を三点に要約しておこう。

(a) リベラル派や伝統主義者と同様に、彼らもまた革命から教訓を引き出すことを望み、かつ、革命を終結させることを欲した。しかしその帰結は、彼らの場合、たんに政治的教訓を引き出すというだけではとどまりえない。社会の深く根本的な再組織化こそが、不可避なのだ。これらの思想家たちは、〈産業革命〉の重要性についてきわめて新しい認識をもっていた。ヨーロッパにおいて〈産業革命〉は完成段階に到達しており、もはやそれ以前への回帰はいかなる仕方でも不可能である、と。ただ、このような認識があったというだけで、彼らの思想に社会主義という語を、その語がのちの時代に得るであろう意味でもって当て嵌《は》めてしまうのは、はたして適切だろうか?

(b) 少なからぬ側面で、これら思想家たちは、《啓蒙》の合理主義に掉《さお》さしている。科学的・技術的な進歩への信頼という点で。またニュートンの「自然哲学」に熱狂し、それを人間の哲学・社会の哲学へと応用一般化させようと欲した点で。サン゠シモンとフーリエは、重力法則というニュートン的モデルを拡大しようと欲した。後の世代のコントはそうした試みを部分的に放棄したのではあったが、それでもやはり、コントはサン＝シモンから実証主義的科学という観念を受け継いでいたのだった。彼らは皆、政治的人間にたいする科学的人間・エンジニアの優位ということを主張した。ひとはこういうことができるだろう、サン＝シモンは社会主義というより、むしろテクノクラシー〔科学技術主導の官僚政治〕の到来を宣言したのだ、と。

（c）大革命以後、宗教的諸制度は、とりわけカトリック教会は、もはや歴史の流れからして、今後短期間で賞味期限切れになる運命を宣告されてしまった。しかし、だからといって、未来は非宗教的未来である、ということはそこから帰結しない。信念、儀式、感情そしてシンボルは、あらゆる社会にとって必要不可欠なのだから。サン＝シモンとフーリエは、イエスにたいして、福音書の道徳にたいして、最上級の賛辞を送った。福音書の教えを現実化すること、これが彼らの野心だった。だからこそ、サン＝シモン教会、フーリエ教会、実証主義教会ができていくことになるのだった。それらのうちに、カトリック教会という元型モデルの姿が、多かれ少なかれ再び見出されることになろう。ただし――ここが伝統主義思潮との対立点なのだが――贖罪だとか、超越的秩序への服従だとかが問題なのではない。肝心なこと、それは、人類の幸福。そして歴史のなかでのこの幸福を実現することである。

アンリ・ド・サン＝シモン伯爵（一七六〇～一八二五年）は、ルイ十四世時代の宮中の様子を伝える日記的『回想録』で有名なルイ・ド・ルヴロワ・サン＝シモン公爵議員（一六七五～一七五五年）の遠縁にあたった。名門の軍人貴族の家柄で、一七七九年にはアメリカにわたって独立戦争に参加している。大革命初期、サン＝シモンは国有地の売買をめぐる投機に没頭していた。その一方で同時に、庶民社会にサン＝シモンは頻繁に出入りし、また〔貴族的でない〕クロード・ボノムという名を名乗るようにしていた。サント・ペラジ監獄に投獄されもした。総裁政府時代にはパリで豪奢《ごうしゃ》に遊び暮らした。だが統領政府・帝政期には、ある共同出資者のために破産におちいり、以後、彼は苦しい困窮の生活に入った。まさにこの時期に、サン＝シモンは仕事の出版を開始した（『十九世紀の科学業績への序説』一八〇七〜〇八年）。

復古王政になると、一八一四年にさっそく彼は、秘書のオギュスタン・ティエリ（一七九五〜一八五六年）の協力のもとで著作『ヨーロッパ社会の再組織化』を刊行した。また雑誌『自由主義者《リベロー》』に寄稿するなどした。ついでサン＝シモンはみずから、「科学的・文筆的産業」と「商業的・工業的産業」とを統合するべく、雑誌『産業《ランデュストウリ》』を発行した。一八一九年からは、新たな秘書オーギュスト・コントを共同編集者として『政治《ポリティーク》』誌を刊行した。この頃彼がいい放った有名なたとえ話、〝国家政府の重要人物三〇〇〇人が失われたところでなんら政治的害悪は生じないが、三〇〇〇人の重要な「生産者」・学者・芸術家・銀行家・産業者が失われれば、もはやフランスは魂なき肉体でしかなくなるだろう〟によって、彼は重罪裁判にかけられてしまったが、結局、無罪放免された。『産業体系《システム》論』は全三部の構成で公刊された（一八二一〜二二年）。

孤立し、絶望し、彼は晩年に自殺を試みた。だが、銀行家オランド・ロドリーグの支援にサン＝シモンは出会うことができた。重要著作『産業者の教理問答』（一八二四年）を刊行したが、その時期にオーギュスト・コントは彼のもとを去った。『新キリスト教』の出版は著者の死の一か月後だった。[1]

（1）巻末参考文献【10】。

初期の刊行著作以来（『ジュネーヴ一住民の手紙』一八〇二年）、サン＝シモンはこう確信していた。人類の全般的組織化は、諸科学の総合から出発してしか可能ではない。いいかえれば、物理的世界と精神的世界との唯一の法則から出発すること。その法則とはすなわち「万有引力」にほかならない、と。神はニュートンを自分のそばに置き、「光の管理と、全惑星の住民たちの指導」を彼にゆだねた。これとまったく同じように、アンシャン・レジームの社会組織も、そしてまた一七八九年の抽象的で非科学的な諸原理も、二一人のメンバーによる《ニュートン評議会《コンセイユ》》のもとに集った学者政府によって、とって代わられなければならない。だからデモクラシーはまったく選択肢にならない。「統治権限は、光の割合に応じて、再分配されるべきである」〔高い能力を持つ天才たちが、それに応じて高い統治権限をもてばよい〕。政治と道徳は、ひとつの普遍科学の各一側面にほかならない。この普遍科学は新たな〈百科全書〉とならねばなるまい。

アンシャン・レジームは封建的、神学的であった。それにたいして新たな体制は、産業的、科学的である。

「社会の世俗《タンポレル》権力・宗教《スピリチュエル》権力は、所有者が変わった。真の世俗権力はこんにち、〔王ではなく〕産業者たちの手にある。そして宗教権力は、学者たちの手にある。」（『産業体系論』一八二一年）

ではそれで、政治上の大問題〔経済格差、階級格差〕はどうなるのか？　サン＝シモンの答えはこうだ。「私の企ての直接的目的は、自分の肉体をもちいての労働以外の生活手段をもたない階級の境遇を、可能な限り最大限に、改善することにある。」いまや諸々の条件は整ってきた。「労働する国民」が、「怠惰な国民」にとって代わるのだ。働くミツバチが、寄生的スズメバチにとって代わるのだ。実際アメリカでサン＝

シモンは、「能力」が権力にとって代わるさまを自分の眼で目撃したのだった。

「社会物理学」は、未来の組織〔化〕を予見する、ひとつの歴史哲学である。「ひとつの国民〔国家〕とは、ひとつの大きな産業社会にほかならない。」この産業社会こそが、組織的段階と批判的段階を経つつの人間精神の進歩に、最終的意味を与えるものなのだ。ちなみに、十八世紀の思想家たちのとらえ方とは正反対に、古代の政治体系よりもはるかに優れたものとして、中世の神学的・封建的体制を称賛するという評価は、サン゠シモンからコントが引き継ぐことになるだろう。さて、批判的段階とは、産業的文明を準備するもので、十五世紀に始まった。十五世紀とはなにか。それは物理的科学・精神的科学の発展にかんしてと、芸術・技術・職人仕事の開花にかんしての、両面で「記憶に残る世紀」であったということができる。サン゠シモンは、さまざまな歴史的現象は積極的な面と消極的な面との二重の意義を同時にもつとする、当時としてはきわめて斬新な〈進歩の哲学〉を展開する。この発想からすれば、たとえば〔十六世紀の〕ルター主義は、批判的進歩という積極的なものとして解釈されると同時に、原始キリスト教へのノスタルジーと芸術の拒否という点で消極的なものとして解釈されるのだ。

十五世紀以後、決定的な転換が起こった。「ひとはかいま見るようになった、道徳的・詩学的・科学的な大いなる運動を現実化する可能性を。その運動がエデンの園〔地上の楽園〕を、過去にあったものから、未来にあるべきものへと、置き移すのでなければならない」（『文学的、哲学的、産業的意見』一八二五年）。サン゠シモンは次第に、この置き移しを完遂するためには「感情的・宗教的な力」が重要であると強調するようになっていく。実証的〔積極的〕な道徳とは「地上的、産業的」なものであるはずで、もはや神学的なそれではない。実証的道徳とは、大衆の役に立つさまざまな企画《プロジェ》の発明・吟味・実施に注意を向けるものである。それら企画は三つの「能力」にゆだねられている。すなわち、「芸術家」の能力、「学者」の能力、そして「産業者」の能力にである。一八二〇年以降（『陪審員諸氏への手紙』）、サン＝シモンは芸術家を筆頭に据えるようになる。芸術家たちは「想像力の人間」であり、社会を「情熱的にする」という任務を課されるだろう。行進の列の先頭に立つのが芸術家、次が学者たち、そしてその次にようやく産業者たちが並ぶのである。

最後の著書『新キリスト教』は、キリスト教の歴史の再解釈というサン＝シモン長年の仕事を完成させるものであった。カトリシスムとプロテスタンティスムは、双方ともに、異端として弾劾されるべきである。なぜか。両者はいずれもカエサル〔世俗権力〕のくびきのなかに再び陥っており、「人間たちは、互いに兄弟として振る舞わなければならない」という、唯一の神的原理を視界から見失ってしまっているからだ。普遍的なものとなった新キリスト教的組織化は、この唯一の原理から宗教的諸制度を演繹導出するのみならず、世俗的諸制度をも導出するだろう。サン＝シモンは、神の声が自分の口をとおして語っていると信じていた。彼は弟子たちにこう言って死んだ、「未来は、われわれのものだ」。

シャルル・フーリエ（一七七二〜一八三七年）はブザンソンで裕福な商人の家庭に生まれた。ただ一家の財産は、父の死によって危うくなった。フーリエは勉学で輝かしい優秀な成績を収め、商売の修行のためにリヨンに出た。その後パリ、ルーアン、マルセイユ、ボルドー、そしてドイツとオランダにも渡り歩いた。一七九三年、革命軍の《リヨン包囲》がフーリエの財産を奪い去ってしまう。《恐怖政治》はフーリエの心に深い痕跡を刻んだ。一七九九年に自身の思想体系についての直観をえた。パリとリヨンのあいだを行商として行き来しながら、一八〇八年に『四運動の理論』を刊行。ついで一八二二年には『農業家庭アソシアシオン論』を刊行した。二二年から二七年まで、フーリエはあるアメリカの商社のパリ支店で勤務した。一八二九年に『新世界』を、三五年に『虚偽の産業と自然的産業』を出版。彼の初期の弟子たちは雑誌『ファランステールと産業改革』（一八三二年）を刊行、ついで一八三六年からは『ファランジュ』誌を刊行した。フーリエは一八三七年に、最初の《ファランステール[1]》を創設するために必要とした資金を集めることができぬままに、死去する。

（1）《ファランステール》という語は、後述する、フーリエが構想した協同生活体《ファランジュ》のための宿舎・設備のことをいっている〔訳注〕。

このフーリエという人物は、経済のリアルな現実について実地の経験があり、また——しばしばそう書かれてきたのだが——たんなる独学者ではない。書き手としては、とんでもない度の過ぎた書き手だった。それはそれは膨大な未完草稿を残した。彼は変人、狂人で通っていた。「妻を寝取られた夫」を九〇種類にも分類して、その種類一つひとつに変な名称を付けまでするなんて、これはユーモアなのか、それとも、精神錯乱にいたった過度の体系偏愛なのか……？　少なくとも、作家スタンダール（一七八三～一八四二年）が『ある旅行者の手記』のなかで「崇高な夢想者」と呼んだこの人物は、自分の天才をまったく疑ってはいなかった。「宿命の書の所有者として、私は政治と道徳の闇を晴らしてみせよう。そして、不確実な諸科学の廃墟の上に、私が《普遍調和》の理論を建設しよう[1]」（『四運動の理論』）。

（1）巻末参考文献【11】。

《普遍調和》の理論。それは、フーリエを自分たちの社会主義の先駆者とみなす後続世代の社会哲学とは、まったくもって別のなにかを表わしている。そう、この理論は、歴史哲学であり、自然哲学であり、そしてなにより神学であるのだった。いかなる神義論《テオディセ》も必要としないひとつの神学。なぜならば、人間は善にして完全なる神の似姿であるのだから。「人間は神に似せて創られ、人間は宇宙の鏡である。そこから帰結するのは、人間、宇宙、そして神は同一のものであるということ、そしてこの三位一体の元型が神であるということである。もし創造者が宇宙に自分自身を描かないとしたら、いったい他になにをそこに描くというのか？」（『産業的新世界』）。かくして、物質界（天体の運動）、有機物界（目的性）、動物界（本能）、そして社会という各界のあいだに、ひとつの類比《アナロジー》を再び見出す必要があることになる。より正確には、「動物的・有機的・物質的という三つの運動の諸結果は、社会における諸感情の動き戯《たわむ》れを映し表わしているはずである」（『四運動の理論』）。ニュートンが発見し、天体の運動として定式化した《調和《アルモニー》》、これをフーリエは諸々の社会的関係のうちに再発見する。かくして、社会的運動は他のすべて諸運動の元型である、という中心テーゼが姿を見せてくる。宇宙全体が「感情引力《アトラクシオン・パシオネ》（情念引力）」をみずからの原理としているのだ。

「完全な引力メカニズム」は、一二種類の感情を見出す。音楽において一オクターヴのうちに一二の音があるように。五つの「感覚感情」は、五感ひとつずつの単純で直截な行使に対応する。四つの「情感感情」は、愛、友情、野心、家族愛である。これにフーリエは、人びとが注目していない三つの「分配感情」というものを付け加える。まず「謀略感情」、策略と計算の感情。次いで「複合感情」、熱狂と非理性的愛着の感情。最後に「蝶感情」ないし「移り気感情」、これは変化・新奇さ・自由の原理である。さらにフーリエは、第一三の感情をくわえる。それは統一感情（統一主義）であるが、実質的にはこれは文明化した社会には不在のものである。しかしこの統一感情こそが、他の一二の感情すべての軸にならなければならない。

以上の人間的感情は、歴史的発展の可能性と、無際限な複合・組み合わせの可能性をもっている。これは動物たちの本能にはないことだ。フーリエが、文明化《シヴィリゼ》した社会に特有の悪徳と通例思われている、彼のいうところの謀略感情や蝶感情を、基礎的自然的感情とみなしていることは、注意してしかるべきだろう。ただし彼は、憎悪やエゴイズムといった感情は、《調和》に反する派生的感情にすぎない、として退けるのである。かくしてフーリエは、基礎的一二感情の混合である八一〇種類の特定の感情を組み立て上げる。人間で在《あ》ることのモデルとなる在り方の数だけ、性格の数がある。ところでフーリエは愛という感情に特別に関心を寄せている。愛は「まったく神的で、われわれを最もよく神に同一化させる」感情である。そうして「神は、いわばわれわれを彼の本質への参与者となす」のだ。だが、文明の誤謬は、愛をカップルだけのものに限定してしまい、愛と愛欲の多種多様な嗜好のかたちを無視してしまったことにある。それはまちがいである。社会主義の先駆者のなかで、フーリエほどに、社会生活の変革を愛情生活の変革とこれほどまでに密接に結びつけて考えた者は、ひとりもいない。

感情引力の理論は、文明にたいするラディカルな批判となる。しかし注意しておこう。諸感情の調和によって幸福を確保するということは、ルソー的なノスタルジー〔文明以前の自然人の生活を礼賛する、ルソー『人間不平等起源論』が表明した考え方〕を全然含意してはいない。幸福の条件を、科学と芸術で、農業と大規模工業で、みたさなければならない。物質的繁栄なしに社会的調和はない。また人口の最適化も必要不可欠だ。『四運動の理論』のなかでフーリエは地球全体で三〇〇億人と定めている。

文明から《調和》への移行は、競争からアソシアシオン〔組合〕への移行である。アソシアシオン、それは一と多という古来の問題を解決するとともに、労働を魅力的な労働に変えることで社会問題の解決を可能とするキーワードである。フーリエは一六二〇人で構成される「ファランジュ phalange」という協同生活体を創設することを望んでいた（この一六二〇という数字は男性・女性の性格の種類の数からはじき出されている）。ファランジュ自体はいくつかの「系《セリー》」から成っている。「系」は同業種の人びとによる一種の自由な組合《コルポラシオン》である。そして「系」のなかはいくつかの専門グループに分かれている。もちろん各人は、あちらこちらのグループに移り行くことで、自身の「蝶感情」をみたすことができる。同じく、競争心によって「謀略感情」をみたすことができるし、最後に、生産全体が組織化されるさまを意識することによって「複合感情」もみたされる。フーリエの途方もない言語発明が、「系」、グループ、「セクト」の描写をとどめようもなく溢《あふ》れ出させる（たとえば、梨栽培の「セクト」は三二のグループから成っていて、この三二のひとつひとつにまた名前がついている）。

フーリエは、イエスの真の教えを現実化するのだと確信していた。彼の『産業者の新教理問答』には、「福音書から引き出した確証＝堅信《コンフィルマシオン》」が伴っている。「調和において、ひとは神を愛する、われわれを幸福にしてくれるという予知の恍惚と確信によって。」とはいえ調和が普遍的になるのは、ただ自然と有機物における深い変化、摂理のもたらす変化によってのみである。キュヴィエ（一七六九〜一八三二年）の古生物学が、そうした革命的変化が過去に現実にあったのだと示していたではないか？ フーリエの論敵たちは、彼の未来予想（クジラの家畜化、等々）をひたすら笑いの種にした。だが社会的ユートピアは、補完物として、いやむしろ根源的基礎として、宇宙進化論的《コスモゴニック》ユートピアを必要とするのだ。

バンジャマン・コンスタン（一七六七〜一八三〇年）は、まちがいなく、分類不可能だ。彼は小説『アドルフ』（一八一六年）によって、またひょっとしたらそれ以上に彼の『日記』によって、フランス文学史上に大きな存在感を記しづけた。総裁政府から一八三〇年までのあいだに彼が政治で果たした役割も、とうてい無視できないものである。復古王政下で下院議員を務め、コンスタンは権利と自由《リベルテ》の大いなる擁護者として振る舞った。宗教上の自由・経済の自由・政治的自由・そしてなにより出版の自由。彼の政治的著述はフランスにおけるリベラリスム〔自由主義〕にかんする必須参照文献のひとつである（『征服の精神』一八一四年、『あらゆる政府に適用可能な政治の原理』一五年、『百日天下について』一九年、『政治・文学雑録集』二九年）。コンスタンはカルヴァン派プロテスタントで、出身はスイス（彼にフランス国籍を認めるかどうかはしばしば議論となった）。フランス語とドイツ語との両方の教養をもち（彼はドイツ語原書でカントの哲学書を読んだ）、さらに英国ロンドンとエディンバラに滞在経験があった。ところでバンジャマン・コンスタンの哲学的著作はといえば、これは政治的著作・文学的著作に付随してアクセサリー的に引用される程度であることが、多い。しかしながら、《自由》とは彼にとって、政治よりもより深いレヴェルで、人間本性に結びついた道徳的要求であったのだ。

「人間本性のうちには、現在を未来のために生贄《いけにえ》として捧げ、そしてしたがって感覚を理念のために生贄として捧げるという、そうした力を永久に与え続けるような性質傾向が、存在しているのだ。」（「人類の改善可能性について」、『雑録集』三九四頁）

唯一支持可能な思想体系とは《改善可能性《ペルフェクティビリテ》〔完全化可能性〕》の体系である。どんな学説も《改善可能性》をなんらかの術語でもって固定してしまうことはできない。伝統主義者であれサン＝シモン主義者であれ、《改善可能性》から帰結する「道徳的無秩序《アナルシー》〔無政府状態〕」を嘆く者にたいしては、コンスタンはこう答える。「この種の無秩序は、物質的生にとって空気が必要なのと同様に、知的生にとって必要なものなのだ」（「デュノワエ氏と彼の仕事へのいくらかの見解」、『雑録集』一六〇頁）。だがコンスタンは、ベンサム的な《功利主義》については、権利を利害に還元してしまうたぐいの発想だとして厳しく非難をする。同じく、ルソーの『社会契約論』が作り出したデモクラシー的専制政治についても、彼は激しく批判する。「私は四十年間、同一の原理を擁護してきた。すなわち、すべてにおける自由を。宗教の自由、哲学の自由、文学の自由、産業の自由、政治の自由。そして私は自由ということを、個人性の勝利と解している。専制的な統治を行なおうとする権威《オトリテ》＝当局にたいする個人の勝利であり、また同じく、少数派《ミノリテ》を多数派《マジョリテ》のもとに隷属させる権利を主張する大衆たちにたいする個人の勝利であるもの、これが自由である」（『雑録集』序文）。コンスタンのリベラリスムは、それ自体、改善可能的なものである。「各々の世紀は、みずからに割り当てられた仕事をなす」と彼は書く。所有権については、「いまの時代が必要とする法的慣習」とみなす。ただし、いまの時代とは、産業的な財産所有がどんどん不動産的な財産所有を追い抜いていくさまを目撃している時代であるのだが。

　同時代の多くの者たちと同様に、コンスタンもまずはストア派的道徳に賛同していた。「男性的で、自尊心ある、度量の大きい、忍従する」（『ローマの多神教』II、七七頁）学説とみなされるストア派道徳は、理性を賦与された存在者〔人間〕の内的自由に対応する。それは、人類の歴史における必然的一段階をなす。しかしコンスタンは、ストア派道徳に完全に満足することはできなかった。

宗教的感情へと超出する道をいきなり探るのではなく、コンスタンはカントによる《義務道徳》の定式化のほうをまず検討する。一七九四年以降彼はストア派等の古代の道徳論にたいしてカント義務道徳を対案として提示するようになる。「不決断〔躊躇、未決定〕は、わたしの生における大いなる刑苦である。しかるにわれわれを不決断から守るもの、それは、義務以外にはない」(『日記』一八〇四年四月十五日)。コンスタンは、〔カント『実践理性批判』のいう〕道徳命法が、外的な権威と混同されることとは程遠い仕方で、まさに正反対に、義務を〔内的な〕自由という基盤のもとにもとづけるものであるということを、よく理解していた。一七九七年の小冊子『政治的反動論』で、彼はカントが〔『人倫の形而上学の基礎づけ』のなかで〕〝いついかなるときも嘘をつくことは絶対的に悪である〟としたことを批判し、あらゆる道徳原理はその適用に際して〈中間的原理〉を想定するものだという見解をカントに突きつけた。「真実〔真理〕を言うことは、真実を要求する権利をもつ者にたいしてのみ、ひとつの義務である。しかるに、人間は誰も、他人を害するような真実を要求する権利をもってはいない」〔たとえば、無実の友人をかくまっている場合に、誰かに追及されたとしても、真実をいわない場合のように〕。ドイツの大物カントはコンスタンによる批判を真剣な検討に充分値する反論であると判断し、反論するために小冊子まるまる一冊ぶんの分量を割いた〔『人間愛からの嘘という誤って考えられている権利について』一七九七年〕。確認しておこう。ここで生じている対立は——しばしば人はそう見てきたのだが——政治と道徳との対立なのではない。コンスタンにとってもカントにとっても、〔嘘ではなく真実を述べるという〕誠実さは無条件の義務である。ただカントがこの義務を〈自己にたいする義務〉としたのにたいし、コンスタンはこれを〈他人にたいする義務〉のうちに数え入れるのだ。他人への義務においては、カントにとってさえも、中間的原理は排除されていないはず。

『日記』を読んでみると、コンスタンが自分の主著、後世へ残す自分の最良の書物が、全五巻の『宗教論』（一八二四〜三一年）およびその続編となる没後出版の二巻本『ローマの多神教』であるとみなしていたことがわかる。彼は人間本性に固有の宗教感情に、無私無欲の源泉たることを、献身と犠牲の源泉たることを求める。そうした感情こそが、ストア派的・カント的な諸々の合理主義を乗り越えることを可能にする。宗教的感情とは「誰も沈黙することができない、誰も飼い慣らすことができない、この魂の叫びへの、答えである」（『宗教論』I、二九頁）。しかし、神秘についてのこのロマン主義的感覚は、いかなる個別宗教も充たすことができない、なにか彼方なるものへのこの欲求は、まさにコンスタンにとっては、理性の発展・展開ということとぜんぜん対立はしないのである。「懐疑は、宗教的感情を排除しない」（『宗教論』序文）。

というのは、宗教的思惟も、政治的思惟と同様に、改善可能性を含意しているからだ。「人間的な物事とは、人間たちからは独立したひとつの漸進的な歩みなのである。人間たちは、そうと知ることなしに、この歩みに従っているのだ」（『多神教』II、一六八頁）。デュピュイには歴史性が欠けている、とデュピュイの宗教論・思想体系を批判しつつ、コンスタンは宗教的精神の進化過程を記述する。まず《物神崇拝《フェティッシュ》》から始まり、次に《多神教《ポリティスム》》の時代、そして最後に《一神教《テイスム》》の時代。こうしてみれば、コンスタンは、オーギュスト・コントの直接的な先駆者なのだとわかる。さて、多神教の時代とは、労働の分業ということを知り始めた〔古代の〕社会に対応する。そこで諸々の信仰は純化されていった。だが道徳の保護者として複数の神々をもとめたのと同じ理性推論が、その神々を以後の進歩を妨げる障壁ともなした。宗教教義と《啓蒙》的なものとのあいだの不均衡が現われてくる。だが進化とは複合的なものであることに注意しよう。死後の生を主張することに努める聖職者集団らは、宗教的精神の進化に貢献するというよりむしろ逆に部分的退歩を引き起こしさえした面があった。古代ギリシア哲学は、哲学としての飛躍的発展の際には民間信仰的な多神教に多くを負っていたが、ソクラテスの死後ほどなく、多神教から離脱していった。古代末期の新‐プラトン主義は多神教を刷新しようとするひとつの試みで、多神教を東方のグノーシス主義に由来する諸要素と結びつけ・和解させ、一性〔一者〕をめざす哲学的傾向へとまとめあげようとした。《啓示》〔イエスが一神教的な神の子として歴史上へ登場したこと〕という事柄を語ることにかんしてはきわめて慎重であったコンスタンは、多神教の没落ということをむしろつねに、あくまで人類の進歩プロセス上のひとつの必然的事実として記述する。聖職者集団のおぞましい側面にもかかわらず、増大しつづける不寛容にもかかわらず、やはり一神教は、知的道徳的進化の最高レヴェルに対応するのである。

とはいえ、一神教もまた《啓蒙》とともにさらに進歩していくものであるとしても、一神教そのものは消滅してしまうのではない。一神教は、宗教的感情にまた別なる諸形態を提案するのである。バンジャマン・コンスタンは自身のプロテスタンティスムを主張の基盤にしてはいた。でもやはり彼はキリスト教というものを、一神教がとる過渡的形態のひとつとしかみなしていなかったように見える。

第二章　スピリチュアリスムと実証主義　一八三〇～四八年

ロマン主義という多面的ななにかが練り上げられていた時期、それは復古王政の第二代、シャルル十世の治世（一八二四～三〇年）であった。あたかもこの復古王政の保守反動性が、かえって政治的・宗教的・知的な不満と期待のエネルギーを逆に養い、亢進させたかのように、万事は進行した。一八三〇年の〈七月革命〉はかくして起こった。

とはいえ、七月革命の栄光の三日間の熱狂は、長くは続かないだろう。〈革命〉のある人びとにとっては、これは〈大革命〉の最終幕をどう仕上げるかという問題だった。〈革命〉の本当の獲得物がなんであるのかが、確認され、定着されなければならない。新国王ルイ・フィリップの新憲章とともに、立憲政治は決定的に樹立されたように思われた。君主制原理と〈人民意志〉とのあいだに折り合いがつけられる。リベラル派の者たちは、諸制度が多少なりとも急速に進歩している、と語ることができた。ここで見分けなければならない重要なニュアンスとはなにか？　それは、カトリックがもはや国教ではなく、たんにフランス人の多数派《マジョリテ》の宗教であるにすぎなくなったということである。カトリック教権主義にほとんどかかわりをもたないルイ・フィリップ王は、プロテスタントであるフランソワ・ギゾー（一七八七～一八七四年）なる人物に全信任を与えていたのだった。

もっとも七月王政は、確固たる安定した政権とはとてもいえなかった。王が産業的・財政的な発展を優遇したこと、外交における彼の平和主義が顕著であったこと。これらの点が賛否両論を呼ぶ。一方では、《自由の精神》を普及する必要が迫られていた。これは具体的には、近代的教育制度にかかわる最初の諸重要法律の制定（ギゾー、クザンらによる）、および公教育の世俗性《ライシテ》の確立として形をとった。しかし他方で、伝統主義者《トラディシオナリスト》、正統王朝派《レジティミスト》〔ブルボン家のみを正統なフランス国王とみなす立場〕、そして最も正統的《オルトドクス》なカトリック教徒たちにとっては、こうしたリベラルな方向への動きは、失望、後退を意味した。またくわえて、より左寄りの共和主義者たちは共和主義者たちで、反乱や陰謀を行なうようになっていく。その間に、「社会主義《ソシアリスム》」が言葉として人口に膾炙し始め、ひとつの立場としてアイデンティティをもつようにもなる。このような七月王政期、哲学思想はほとんどかわり映えしていない。ときに弱体化さえしている。オーギュスト・コントはといえば、この頃、実証主義の基礎をすでに公にしていた。

I　スピリチュアリスム —— 七月王政下でのクザン派の展開

ヴィクトル・クザン（一七七二〜一八六七年）が以前ヘーゲルに伝えたところでは、自分は政治活動よりもつねに哲学的探求を好んでいる、という話だった。ところが一八三〇年以降、クザンは教育職を放棄し、国務院委員、公教育国家評議委員の有力なメンバーといった、重要な行政職を歴任することになる。彼はティエール内閣の公教育大臣、貴族院議員ともなる。

「社会参加する哲学者《フィロゾフ・アンガジェ》」であるヴィクトル・クザンは、二つの方向からの批判にさらされた。一方で、伝統的カトリック陣営はクザン思想を、無神論とまではいかないが、ヘーゲル的宿命論《ファタリスム》もしくは汎神論《パンテイスム》であるとして批判した（マレ『近代社会における汎神論についての試論』一八四〇年、ジョベルティ『クザン氏の宗教論についての考察』四四年に仏訳出版）。他方、左派の共和主義者・社会主義者からは、クザンはブルジョワ君主政に奉仕しているだけだとして非難された（ピエール・ルルー『エクレクティスム反駁』一八三八年）。

中等・高等教育における哲学教育全体を牛耳ろうとする権威主義だとしてしばしばクザンの行政は非難されたが、しかし彼は若い哲学教員たちの仕事を後押しすることにも尽力していた。クザンは教育および教授選出における世俗性《ライシテ》を確立し、それを受け入れさせるよう気づかっていたので（教授資格試験に合格したユダヤ人アドルフ・フランクを、クザンが現実に教授に着任させたことは物議を醸《かも》した）、彼がラロミギエールとジュフロワに作成させた高校《リセ》での哲学教育実施プログラムについては細心の注意をはらい、教員たちにたいしてはカトリック司祭たちとのあらゆる衝突を避けるよう要求した(1)。その後のことをいえば、四八年の革命による七月王政の終焉と政治の不安定化に際して、クザンは無政府状態の脅威、さらにそれがなし崩し的に専制主義へと転化する脅威に抗するために、カヴェニャック内閣を支持した。しかし専制主義への懸念は現実となり、《皇子大統領《プランス・プレジダン》》ルイ＝ナポレオンはクザンを罷免する。そしてルイ＝ナポレオンはリベラル派の勢力を抑えるべく、高校での哲学授業を廃止させるだろう。

（1）従来カトリック教会およびその聖職者が初等教育的なものを担ってきた社会的慣習的な事実があり、世俗主義的かつ中央集権的な公教育の導入はその慣習・既得権への挑戦という意味をもった〔訳注〕。

七月王政期に話をもどそう。この時期のヴィクトル・クザンの著作としては、まず、ドイツとオランダの哲学教育についての重要な報告書、それから演説、回想録がある。くわえてクザンは、版を重ねるたびに巻を増した主著『哲学的断片』の編集にも力をそそいだ。また「パスカルの『パンセ』新版の必要性についての報告」(一八四二年)は、『パンセ』についての文献学的研究の嚆矢《こうし》となる、決定的なものであった。(1) しかし、クザンの思想自体の発展はといえば、新たに序文がつけくわえられた『講義録』や『断片』の再版くらいのものである。文体からして変化している。若い頃のヴィクトル・クザンの言葉は、情熱家的で、難解であるといわれていた。しかるにいまや、彼は合理的かつ明晰であろうとしている。ルソーをモデルとした「民衆の哲学者」であることを望んでいる。ともかくも、一八一八年の講義の文面と、その講義内容の再編集版である一八五三年刊の『真・善・美について』の書き直された文面とを見比べてみると、彼が身につけたのがある種の凡庸さであったようにも見える。そののち最終的にヴィクトル・クザンは文学史、とりわけ十七世紀の女性たちについての文学史の編纂に身を捧げることになろう(『ジャクリーヌ・パスカル』一八四四年、『マダム・ロングヴィル』一八五三年、『ル・グラン・シリュスによる十七世紀のフランス社会』一八五六年、など)。

(1) クザンによるこの提言がなされるまで、『パンセ』はパスカルの死の数年後に編集された「ポール・ロワイヤル版」で刊行されていたが、これには当時の友人・編者たちによる恣意的な編集、改ざんが多くほどこされていた。クザンの報告以後、『パンセ』についてさまざまな版が刊行されるようになり、こんにちにいたっている〔訳注〕。

エクレクティスム哲学の概説といえる、クザンの『哲学的断片』一八二六年版「序文」は、ドイツ語とイタリア語にすでに翻訳されていた。一八三三年版「序文」は、クザン思想は汎神論ではないかという批判にたいして応答することになる。その批判は、「スピノザの体系において創造は不可能であるが、私の体系においてはそれが可能となる」〔『哲学的断片』〕という世界創造の必然性についてのクザンの不用意な叙述によって引き起こされたものであった。同時にクザンは、自身の哲学とドイツ哲学とのあいだの差異も示している。たしかにシェリングとヘーゲルはクザンの友人であり先生だった。しかしながら、「不完全な心理学からの推論が帯びる主観的性質を避けるために、彼らは存在論をもって始めた。ところがそうした存在論はひとつの仮説以上のものではない。それにたいして、私は心理学から始める。そして心理学こそが私を存在論へと導き、また心理学によってこそ、私は懐疑と仮説を同時に避けることができるのである。」一八三八年の短い序文でも、「神学派」と「感覚主義」、すなわち政治的にいえば、絶対主義と無政府主義を同時に相手取る、同様の戦いが繰り返されている。ドイツ哲学にたいする敬意は示されているが、根本的な参照項は「心理学の」偉大な伝統になった。それはソクラテスからデカルトへといたり、そしてライプニッツとカントによって引き継がれた伝統だ。

心理学、すなわち存在論の緒言《プロレゴメナ》としての心理学こそが、こうしてしだいにエクレクティスム派を強く特徴づけていくことになる。心理学こそが、感覚的・情感的生、活動的生、知的生という三区分を、一世紀以上にわたって知らしめることになる。くわえてこの三区分は、「〔体系的〕完全性《コンプレチュード》」というエクレクティスムの原理から帰結する。メーヌ・ド・ビランの著作集（一八四一年）の編者であるヴィクトル・クザンは、次のことをよく理解していた。すなわち、〈自我〉が〈非我〉から分かれて自己を定立するためには、意志によるしかないということ。そして、意志とは「非人格的運動から離れて、自我が自分自身に責任をもつという事態を生じさせる」〔『哲学的断片』初版「序文」〕ものである、ということをだ。しかしながら、自我-原因だけでは不充分だ。第三の事実の次元、つまり理性的事実へと移行しなければならない。しかるに、ただ理性のみが、原因自体すなわち実体を生み出すことができるのである。ビランがしたように意志的・人格的な原因から存在論を導き出すことなど、本当は不可能なのだ。なぜか。ビラン哲学の場合、原因性〔因果性〕の原理は普遍性を獲得できていないからである。クザンは指摘する。理性は意志的自我との関係において主観的理性といわれうるけれども、しかし、それ自体における理性なるものは、非人格的＝非人称的なものなのである。「人間理性の諸法則は、理性それ自体の諸法則と別のものではない」（同上）。

　クザンはこうした考えこそが、カント的批判哲学に対抗できるものであると考えた。『カント哲学講義』（一八二〇年の講義にもとづき、一八四二年に出版）においてクザンが指摘していたのは、カント的批判は、まさしくそれが「批判」であるという理由から、たんに反省だけを含意してしまっていて、精神の自発性という契機を見失っているということであった。「自我の諸変様、および私がそれであるところの存在、こうしたすべてが私に現われてくるのは、直接的で無媒介的な統覚においてである。統覚の一性《ユニテ》を抽象化作用によって後から分解することはできるが、しかしそれはもはや現実的なものではなくなってしまうのである。」カントはデカルト的コギト〔自我〕を、ひとつの抽象物へと還元された〈実体的自我〉、完全に人格性を失った〈論理的自我〉、そしてそれ自体不充分なものとなった〈経験的自我〉というふうにいくつもに分解してしまったために、カントは生きた自我を、その根源的な自発性における自我を説明することがもはやできなくなっているのだ。統覚の〈原初的事実〉こそが、理念から存在への移行を正当化する。自我については二重の超越を認めなければならない。すなわち、自我は、感性的存在として、そして同時に理性的存在として、「自己を超越して〔脱自して〕」いるのである。

テオドール・ジュフロワが、エクレクティスム派の心理学をわかりやすく通俗化することになる。ジュフロワの葬儀の際にクザンが読み上げたスピーチで、クザンは、このスコットランド常識学派の翻訳者〔ジュフロワ〕が、形而上学にたいしてあまりに慎重であったことを惜しんだ。たしかに、ジュフロワはエクレクティスムの原理、とりわけ心理学的方法と歴史学的方法の合致にたいして忠実であり続けた。しかしながら、ジュフロワは人間の〈運命〉についての考察において、心理学から存在論への移行という問題をまったく立てていなかった。ジュフロワがデュガルト・スチュアートの『精神哲学要綱』に付した「序文」（一八二六年）からして見て取れることだが、彼にとって哲学は、自然科学と同程度に実証的なものになっていくと同時に、心理学のうちにいわば吸収されてしまうように見える。

とはいえ、おそらくはそれに先立ってクザンが出版したメーヌ・ド・ビラン著作集からの影響を受けているであろう、『心理学と生理学の区別についての報告』（ジュフロワの死後出版された『新雑録集』一八四二年所収）においては、ジュフロワの心理学は、直接的にひとつの形而上学となっている。カントが行なった現象と物自体の区別はクザンの思想においてもなお見て取ることができるが、ジュフロワはこの区別に代わって、二つの生の区別を提示している。ここでは、カバニスおよび彼の支持者にたいする、明確な反対意見が示されていることになる。

ジュフロワは、魂は身体よりも容易に認識しうるものだと主張する。彼は、第一に形而上学的な主張を行なったデカルト〔デカルトは思惟実体としての魂の実在を、「私は思考する、ゆえに私はある」というテーゼで肯定した〕よりも、むしろメーヌ・ド・ビランを引き継いでいる。実際ビランは『ラロミギエール氏の哲学の検討』においてこう書いていた。「たしかに、魂は実体としての自分自身を知るものではない。

しかしながら魂は、自然の力を認識する以上にたやすく、力もしくは自由な原因としての自己自身を認識する。」ジュフロワも同様の仕方で結論づける。「したがって、心理学から抹消しなければならないのは、魂が認識されるのはその変様〔感覚や意欲として経験される諸状態〕のみであるという、誤った命題である。魂は、みずからの行為の一つひとつ、みずからの変様の一つひとつにおいて、その原因としての自己自身を感じ取るのだ。そして魂が絶えまなく行為し感覚するからこそ、魂は自分自身が不滅であることを意識するのだ。」そしてジュフロワはこうつけくわえる。われわれのうちに存在している力、原因にたいして、基体を想定する必要などない、と。こうして彼は、ベルクソン哲学を先取るような、ある種のスピリチュアリスム的な実証性を明らかにしようと試みたのだ。

コレージュ・ド・フランスで行なわれた『自然法講義』（全三巻、一八三五年〜四二年）を組み立てているのも、歴史学的モデルではなく、やはり心理学的モデルだ。このモデルによって、道徳哲学の偉大な諸々の学説の分類が可能となるばかりでなく、それらを評価することが可能となる。意志や理性が現われる以前に、人間の諸能力は時に互いにぶつかり合い、たえず働いている本能や原初的傾向性によって動かされている。そこにジュフロワは、一方で権力や野心へと向かう傾向性を識別し、他方で好奇心や交際へと向かう傾向性を、そして最後に共感を識別し見出す。ただし、傾向を直接満たそうとする際に障害が生じるために、これらの能力には集中力が要求される。そう、この集中力こそが、自由と呼ばれるであろう、あるひとつの能力の最初の現われである。理性の働きが登場すると、動機《モティヴァシオン》が衝動にとって代わる。たしかに利害関心というものがありさえすれば、行為は合理的で自由なものとなるだろう（「利己主義的様態《エゴイスト》」）。しかしながら、普遍的な次元に属する〈善それ自体〉の観念こそが、本来の意味での義務をもたらすのである（「道徳的様態」）。これらの心理的「事実」のおかげで、ジュフロワは、彼が識別する七つの基礎的体系を見極めることが可能となり、その体系にしたがうことで、人間本性についての多少なりとも完全性を伴った説明ができるのである。

『美学講義』（一八四三年．聴講者のノートをもとに死後出版）において、ジュフロワは利害関心なき美的感情から、共感《サンパティ》の原初的な傾向性へと遡って分析を行なっている。共感は、自然の始源的な形態や力へと向けられ拡げられうる。自然が象徴的アルファベットによって私たちに語りかけているように、自然を扱う芸術は本質的に、感性的かつ自由で知性的な表現である。

ジュフロワは、人間の人生全体が遭遇する諸々の矛盾や障害の彼方に、深遠な調和が存在すると信じていた。かくして最終的に「まったき最高の幸福ではないにせよ、少なくとも心の平安や休息を人間に回復させるような信念」をジュフロワは見出すのである。

当時世間一般に《エクレクティスム》として通俗的に知られていたものは、多くの場合クザンのヴァージョンではなくて、もっとわかりやすいジュフロワのヴァージョンのものであった。弟子たちは型通りの道徳主義や、師であるクザン自身ができるだけ避けようとした平板さに陥ってしまっている。文科大学《ソルボンヌ》におけるジュフロワの後継者である**ジャン・フィリベール・ダミロン**（一七九四〜一八六二年）についていえば、著書『哲学講義』よりも、彼の哲学史研究のほうが記憶にとどめておくに値する。すなわち、『十七世紀フランス哲学史試論』（一八四六年）、『十八世紀フランス哲学史試論』（一八六二年）および、とりわけ『十九世紀フランス哲学史試論』（第一版一八二八年、大幅に増補された第五版三五年）——エクレクティスム派哲学の発展の全容をまとめた最初の書物——といったものだ。

一八三〇年の騒乱に参加し、のちにコレージュ・ド・フランスの教授となった**ジュール・バルテルミ・サン＝ティレール**（一八〇五〜九五年）は、とくに評価の高い、アリストテレスの翻訳（一八五七年から始まる）によって有名になる。かくして彼は、当時フランスにおいては非常に人気が下がっていた哲学者の研究へと回帰するのである（『アリストテレス論理学について』全二巻、一八三八年）。リベラル派たる彼は、一八四八年の暫定政府においては事務総長《スクレテール・ジェネラル》となり、第二帝政には反対、第三共和政では中道左派の上院議員、およびジュール・フェリー内閣の外務大臣にもなった。サン＝ティレールはクザンの弟子であり、伝記作者でもある（『ヴィクトル・クザン氏――その人生と書簡集』全三巻、一八九五年）。彼はクザンのスピリチュアリスムを擁護する著作も世に出すだろう（『ブッダとその宗教』一八六〇年、『科学と宗教との関係における形而上学について』一八七九年）。

シャルル・ド・レミュザ伯爵（一七九七〜一八七五年）は、ヴィクトル・クザンと同時に一八四〇年のティエール内閣で大臣となった。第二帝政にたいしては反対の立場をとり、投獄され、のちに亡命した。帝政崩壊後の一八七一年から七三年までのあいだには、あらためてティエール内閣の大臣を務めた。レミュザの著作は法律、歴史、政治、宗教心理学と非常に多岐にわたっているが、とはいえ彼の著作は、次のような確信のうちに統一されている。すなわち、十九世紀においては、人間理性の〈自由〉という原理こそが、政治・リベラリスム・哲学を統一する、という確信である。つまりこれが、彼が《時代精神の精神》と呼ぶところの、エクレクティスム的スピリチュアリスムであるといえよう。レミュザの注目すべき著作『哲学試論』（全二巻、一八四二年）のうちにはカントについての試論が含まれているが、おそらくこれは、この時期にフランス語で書かれた最良のカント解説であろう。そこにおいてはカントの用語が、「力強く、かつ、巧みに考察されて」いることが確認できる。彼のロンドンへの亡命は、哲学的・政治学的なイギリス思想について、五冊の著作を発表する機会ともなった（『十七世紀におけるイギリス』全二巻、一八五六年）。

以上のように、七月王政期のクザン派にたいしては、少なくとも歴史的研究およびさまざまなテクストの編纂にかんして、一定の実り多さを認めることができる。

フェリックス・ラヴェッソン（一八一三〜一九〇〇年）については、特別に頁を割く必要がある。ラヴェッソンは一八三七年に出版された『アリストテレスの形而上学試論』、一八三八年の学位論文『習慣論』、一八六七年の『十九世紀フランス哲学についての報告』などで知られる。名門貴族の出の彼は教職にたずさわることを選ばなかった。行政で要職を歴任した。図書館総監督官、高等教育視学官、ルーヴル美術館の古代美術担当学芸員、哲学の教授資格試験《アグレガシオン》の審査員長といったものだ[1]。

（1）巻末参考文献【12】。

一八六七年のよく知られた『十九世紀フランス哲学についての報告』で、ラヴェッソンは、かなり軽蔑的にクザンのエクレクティスムを「半‐スピリチュアリスム」と呼んで語っている。クザン派の「半‐スピリチュアリスム」は個別性なき一般論にとどまる傾向をもっており、ゆえに「科学的精神も宗教的魂も満足させることのできない」ものだ、と[1]。ラヴェッソンは、クザンと同様にシェリングとメーヌ・ド・ビランを参照しているのだが、彼自身は自分はエクレクティスム派とは無関係だと主張している。ちなみに自然と精神との結びつきをテーマとした一八三五〜三六年のシェリングの講義にたいするラヴェッソンの理解は、けっして表面的なものではない。またラヴェッソンの見るところでは、メーヌ・ド・ビランにかんするクザンの理解はあまりにもスコットランド学派の経験論からの影響を受けすぎているために、次のことを理解できていない。「真の心理学的方法というものは、しかじかの感覚ないし知覚の事実と、そのような感覚・知覚をとりこんで自分固有のものにし、自分そのものとするようなあるまったく特別な操作とを、区別する方法である。その特別な操作が、反省にほかならない」（『報告』二八頁）。メーヌ・ド・ビランは生きた反省のモデルを与えてくれた。それは魂の実体に達する方法である。魂の実体とは、意志や努力をも超えた、善への欲望《デジール》であり愛である。

（1）クザン派はある時期から自分たちの立場を表わすのに「エクレクティスム」よりも「スピリチュアリスム」の語を使うようになっている。他方、ラヴェッソンはラヴェッソンでこのように、自分（たち）こそが真の「スピリチュアリスム」であると述べる。つまり「スピリチュアリスム」という語は使う人物・使われる文脈によって異なる内容・党派を指示しているので、この時代の文献を読む際には、注意が必要である〔訳注〕。

ビランのスピリチュアリスムをより広い領域へと拡大すること。この発想が、ラヴェッソンの思想を最もよく特徴づけており、その多産性をしるしづけている。この拡大は、『アリストテレスの形而上学試論』において、アリストテレスの形而上学のうちにキリスト教への序論《アントロデュクシオン》を見出すという宗教哲学の領域で行なわれただけでなく、自然哲学および美学の領域においてもなされた。なるほどビシャの生気論、そしてスタールおよびファン・ヘルモントへの言及ということだけであれば、すでにメーヌ・ド・ビランに（そしてカバニスにおいてすらも）見出すことができる。だがラヴェッソンの場合、そのことが新たな意義を帯びている。ラヴェッソンにとって、ビシャはもはや有機的生と動物的生という二重の生を区別した人物であるばかりでない。くわえてビシャの『生と死についての生理学的研究』のなかでラヴェッソンが着目するのは、次のような言葉なのだ。「生理学は諸動物の物理学であるなどというならば、生理学にたいして極度に不正確な考えをあてはめることになろう。それならむしろ、私はこういいたい。天文学は星々の生理学である、と」(第七論文)。

ラヴェッソン自身の形而上学が集中的に展開されているのは、わずか数十頁の、しかし読解困難な学位論文、『習慣論』(一八三八年)においてである。注目すべきは、その出発点となるのが、両義的な「習慣 habitude」現象だということだ。習慣は、生理学的であると同時に、心理学的でもある。受動的であると同時に、能動的でもある。習慣現象はすでにビシャとメーヌ・ド・ビランの注意をひいていた。そう、複数の点で、ベルクソンにいたるまでの十九世紀のフランス・スピリチュアリスムは、習慣についてのひとつの反省・ひとつの省察であるだろう。

さてラヴェッソンにおいては、もはや習慣の影響や効果だけではなく、その本性《ほんせい》や形而上学的な意義こそが問題となる。習慣は行動を容易にする〔習慣の習得〕が、行動を妨げる〔習慣の惰性化〕こともある。知覚を鋭敏にするのと同時に、知覚を弱めることもある。そうした「反発しあう諸力」の下に、共通の特徴が存在する。「非反省的自発性の発展というものがある。それは意志や人格、意識の領域の外部に、その下に、有機体の受動性のうちに、少しずつ入り込み浸透し定着する。」習慣は、私たち自身の内側へ、諸々の存在者の内側へと下降《デサンドル》するためのひとつの方法なのである。「習慣の歴史が示しているのは、自由が自然へと回帰することである。あるいはむしろ、自由の領域が自然の自発性に浸食されていくということである。」機械論では自然のすべてを説明できない。機械的運動は連続的な衰退の最終段階にすぎないからだ。〔非有機的な〕自然とは「習慣の減退運動の極限」なのである。ここに私たちは、神的自由の寛大な降下《コンデサンダンス》〔自己を低めること〕としての、創造の形姿《フィギュール》を見出すことになる。あのシェリングもこのラヴェッソン的な形而上学的経験論を高く評価することだろう。

ここにおいて神学者の直観、形而上学者の直観は、芸術家の直観と結びつく。ラヴェッソンがレオナルド・ダ・ヴィンチの「曲がりくねった線」において見出すのは、習慣の究極点にあるのと同様の、《恩寵＝優美さ《グラース》》である。そしてこの恩寵こそが、対象デッサンの「発生軸」となる。フェルナン・ビュイッソン（一八四一～一九三二年）が編纂した『教育学辞典』の「デッサン」の項目において、ラヴェッソンは〔人物・自然などの対象の〕形姿《フィギュール》の精神を復元する「模倣デッサン」を称賛している。それは一連の幾何学的な抽象化によって対象の精神を再構成しようとする類いの作業とは大きく異なるものである。（1）また、クザンの美学以上に、エクレクティスムの不充分さを示すものはない。クザンの美学は、美を一般観念へと還元してしまうために、芸術作品のいきいきとした個別性を説明することができないからだ。

（1）当時すでに、産業上の現実的な必要などから、幾何学的なデッサンのほうが美術教育現場では重視されていた。ラヴェッソンはそれに不満であり、自然曲線の模写を美術学習上優先させることを主張し『教育学辞典』に自分の意見を記させたが、現場に実質的な影響をおよぼすにはいたらなかったようだ〔訳注〕。

II　宗教と進歩——サン＝シモン主義、連帯、メシアニスム

ヴィクトル・クザンは自分の哲学はカトリックの教義と一致しているといつも主張していた。しかし

ながらカトリック陣営からは、クザン思想は汎神論、無神論ではないかとの非難が絶えずもち上がっていた。そしてオザナム（一八一三〜五三年）の働きかけもむなしく、一八四五年にクザンの『哲学史』はヴァチカンの禁書目録《インデクス》にくわえられる。

七月王政初期のフランス・カトリックにおける大きな事件といえば、ローマ教皇庁による**フェリシテ・ド・ラムネー**（一七八二〜一八五四年）への否認がある。一八三〇年にラムネーによって創刊された新聞『未来《ラヴニール》』は、「神と自由」というエピグラフを掲げていた。ラムネーはその紙上でカトリックにたいし、絶対王政と立場を隔て、教会が王族に従属することを止めるよう求めた。また彼は出版の自由と諸信仰の自由を要求した。結局ラムネーは、グレゴリウス十六世の教皇書簡が、ロシア正教会の弾圧に抗するポーランド・カトリックの蜂起を否認し、《王冠を被《かぶ》ったロベスピエール》ことロシア皇帝ニコライ一世の名のもとに認められた虐殺をいわば祝福したさい、おおいに憤慨することになる。ラムネーはウルトラモンタンであったにもかかわらず、まずは回勅『ミラリ・ヴォス』（一八三二年）においてローマ教会に否認された。次いで黙示録的な雰囲気が強く漂う『信者の言葉』（一八三四年）を出版したのち、回勅『シンギュラリ・ノス』において再び否認され、破門される。ラムネーは『未来』の協力者たち（ラコルデーヌ、モンタランベール）から絶縁され、その後、『民衆の言葉』（一八三八年）、『近代的隷属について』（一八三九年）、『哲学概論』（一八四一〜四六年）といった書物を出版した。ただし、ラムネーは一八四八年に憲法制定議会の議員に選出されて、そこでなおも重要な役割を果たしている。

ラムネーは、十九世紀にもちいられていた意味でのデモクラシー主義者でも社会主義者でもなかった。彼は著書『宗教にかんする無関心についての試論』で示したように伝統主義者であり、聖職者が国家君主に従属することを告発非難するウルトラモンタンであり続けた。ところが、まさにこの〈ウルトラモンタン〉および〈教会の独立〉の名のもとに、そしてまた〈一般理性の哲学〉の名のもとにラムネーが期待していたのは、キリスト教の〈進化〉であったのだ。彼は、キリスト教と科学および近代社会を調和させ、キリスト教をその起源における本来の姿へと変えていくような〈進化〉を求めていたのだ。ラムネーは最終的に、原罪、超自然といった考えに反対するようになり、さらには救済という考えにまで反対するにいたった。もはや残されているのは、創造者〔神〕および創造の必然的かつ「自然な」愛〔世界の創造という事柄に限定された神の愛〕だけである。キリスト教とはそうした愛の顕現（「人類がなおも到達することのできる最高点」）であり、教会はその象徴ということになる。進化を求めるこうした種類の神学は、哲学的にはあまりに恣意的であるといわざるをえない。しかし、非カトリックさえも含んだ知識層にたいするラムネーの影響力は、依然大きなものであり続けるだろう。

サン＝シモン主義の新聞『生産者』は、ラムネーも否定することがないであろうエピグラフを掲げていた。「盲目の伝統でさえ過去にあると思っていた黄金時代が、いま、われわれの前にある。」サン＝シモン伯爵の死後、ロドリーグ、アンファンタン、バザール、ビュシェらによって形成されたサン＝シモン主義は、その創設者を「科学の哲学者、産業の立法者、愛の法則の預言者」として賛美した。サン＝シモン主義にとっては、生産および社会組織への関心が最優先の課題であり、それ以前に政治権力の形態を問うのは有意義ではないし、批判精神ないし革命的活動なども不毛であると判断された。伝統主義者と同様に、サン＝シモン主義は個人的理性の権利要求にたいしては強い敵意をもっていた。「社会の直接的かつ実証的な研究のうちに、政治の基礎は求められなければならない」（『生産者』の序文）。国家主権、選挙代表制、個人的自由といった諸概念は、科学的に組織された社会のうちでは占めるべき場所はない。つまり〔科学的に組織された社会の〕圧政によって、自由および社会問題は姿を消すのである。人間の不平等は人間精神の進歩にとっては不可欠なものなのだ。不平等は社会のうちに、自然な仕方で指導者を生み出す。それゆえサン＝シモン主義の教説《ドクトリン》は、いかなる意味においてもデモクラシーもしくは社会主義の到来を告げるものではない。それは人類にたいして、ただひとつの目的を設定するのみである。「外的自然をその最大の利益にいたるまで開発し、修正せよ。」

あらゆる社会にとって、宗教的《スピリチュエル》権力は欠かすことができない。そしてそれは哲学に支えられるのではなく、「自発的に信じようとする傾向」に支えられるのであって、「権力によって布告された教義など不必要」（『生産者』一八二六年）なのである。一八三〇年以降、とりわけアンファンタンの影響のもとに、サン＝シモン主義は宗教になっていく。アンファンタンは〈聖なる伝道〉を語り、統一のイメージとして「教皇絶対主義《パピスム》」を躊躇なく引き合いに出す。とはいえ、まずはバザールとアンファンタンという二人の「神父」がいて、彼らが愛の法則で共同体を統治し、独自の儀式、シンボル、ヒエラルキーをもちいて宗教的祭典や式典を組織した。**フィリップ・ビュシェ**（一七九六〜一八六五年）のような反対者たちは遠ざかっていった。ビュシェはカトリックに転向し、カトリックを共和政および社会主義と調和させるという試みを行なった。そして女性解放、性的《セクシュエル》関係の自由といった問題についてのアンファンタンの立場が新たな分裂を引き起こし、バザールとロドリーグは辞任することとなる。

プロスペル・アンファンタン（一七九六〜一八六四年）自身がそうであったように、サン＝シモン主義は、理工科学校《エコール・ポリテクニク》の学生およびその出身者らを熱狂させた。サン＝シモン主義とは、ひとつのおどろくべき混合物である。それは汎神論、ロマン主義的熱情、労働と愛の神秘主義からなり、《人類の統一》という理想――西洋と東洋の交流、大洋横断運河の開通（スエズ運河やパナマ運河など）、海洋貿易や鉄道の発展、アフリカの経済発展（ナイル川のダム、アルジェリアの植民地化についてアンファンタンは一八四三年に出版した本で論じている）といった事柄に現われている――によって形成されている。金融機関および巨大な銀行網の組織化は、サン＝シモン主義者の大きな関心のひとつとなっていた。アンファンタン教会の信奉者であった者もなかった者も、サン＝シモン主義者たちはフランスの経済史において重要な位置を占めていたのである。

フーリエ主義とサン＝シモン主義は、《連帯》という共通の理念をもっていた。フーリエはサン＝シモン主義者の財政的な支えによって、ファランステールをつくることができるとさえ一時期信じていた。ところが、両者が相容れないことはすぐに明らかになる。フーリエの考えでは、文明国家が抱える葛藤を乗り越えるには感情に訴えるしかない。怠惰を咎める演説など無意味である。「道徳は人びととその感情を変えようとする。〔それにたいして〕社会的メカニズムはそれらをただあるがままに利用する」（『二つのセクトの罠とぺてん――連帯と進歩を約束するオーウェンとサン＝シモン』）。フーリエの反リベラリスムは、サン＝シモン主義のそれとは大きく異なる。所有権を制限し、国家を諸個人の相続人にすることは、競争心の必要性を見誤ることだ。「真の進歩は感情の開花を助けるはずだ。サン＝シモン主義の体制《レジーム》は、あらゆる意味で諸感情を窒息させてしまう。」さらに、アンファンタン教会のヒエラルキーを嫌った何人かのサン＝シモン主義者のなかには、個人的自由の名のもと、フーリエ主義に転向した者もいた。さまざまな実践的な現実化が試みられた（フーリエ主義を受け継いだA・ゴダンのファミリステールなど）。フーリエの手稿を出版した『ファランジュ』紙の編集長である**ヴィクトル・コンシデラン**（一八〇八〜九三年）は、人類家族という巨大な連帯のうちで、政治的かつ宗教的、哲学的でもあるような一種の混淆主義《サンクレティスム》を提唱した。「自由の原理を守るプロテスタント、ヒエラルキーと統一性という至聖なる原理を守るカトリック、純粋理性の領域で進みゆく哲学、これらはいつの日か結合しあう運命にある」（『平和的デモクラシー』一八四三年）。

本来の意味での社会主義は、刷新された宗教思想とフランス革命の遺産とを和解させようとする試みのうちに現われることになろう。ただし、明確にしなければならないのは、このフランス革命の遺産というのは、もはやリベラル派もしくはクザン派の哲学が原理にしていた遺産とは別の意味のものだ。この点についてきわめて特徴的なのは、**ピエール・ルルー**（一七七九〜一八七一年）の著作である。彼は『エクレクティスム論駁』（一八三九年）の著者であり、かつてサン゠シモン主義者であった。ルルーはフランスにおける社会主義の創造者ではないとしても、宣伝者である。社会主義という用語それ自体はリベラルな個人主義と対立し、それゆえルルーが歴史的移行期の逸脱形態をそこに見出すような、十七世紀および十八世紀の批判的合理主義に対立する。ここから帰結するのは、七月王政下においても共和派によって保たれていたジャコバン派的理想を遠ざけること。そして進歩という観点から、社会全体および宗教的秩序にたいする個人の従属という伝統主義者の主張をしりぞけることだ。ルルーが回復しようと試みたのは、家族、所有権、祖国といった制度であり、それら制度がはたすべき、個人と《無限なるもの》を媒介する中間者としての真なる役割の回復である。所有権を少数者の利己的な利益へとねじ曲げているリベラルおよび資本主義にたいするルルーの非常に激しい批判は、ひとつの宗教思想にもとづいている。すなわち、まずは福音書が、次いで〈大革命〉が、《連帯》、《デモクラシー》、《人類》の宗教を告げ知らせる預言として理解されているのである（『人類について』一八四〇年）。

ピエール・ルルーとともに『新百科全書』を創刊したのは、**ジャン・レイノー**（一八〇六〜六三年）である。鉱山技師であるこの理工科学校卒業生は、彼もまたある時期サン＝シモン主義者であった。一八四八年には、レイノーは公教育大臣の事務書記官をつとめた。主著『地上と天空』（一八五四年）のなかで、彼は次のような評価を下している。「ここ二世紀のあいだに哲学がたどってきた動きは、ある種のまわり道でしかないように見える。哲学は、より多くの力とより多くの自由をたくわえて、結局は神学の思潮へと戻っていくことを定められているのだ。」レイノーはこの神学を、科学、とりわけ天文学と調和させることを試みた。そしてまた、人類および個々の魂が無限に進歩することを論じる哲学と調和させることを試みたのである。魂はあらかじめ存在し、逆戻りすることなく進歩するということ。そしてそれはひと続きの天空の国において、世界から世界へと無限に転生するということ。こうしたことをレイノーは主張した。彼は、ケルト民族的な伝統であるドルイド教を引き合いにだし、天国と地獄というキリスト教的二元論に疑いを向けた。「天空は留まっている場所ではない。それはひとつの道である。天空をみたしている天の階層構造は、たゆまず高まり続けるのである。」自由と平等は人間のすべての生の原理そのものであるのだが、しかしながら地上は、前世の違いによって、境遇の不平等が生じるような苦しみの煉獄《れんごく》とされている。

共和派の弁護士であり、一八三三年に『民衆《ポピュレール》』と題した新聞を創刊した**エティエンヌ・カベ**（一七八八〜一八五六年）は、共産主義のうちにデモクラシーの最も完全なる実現を見出した。一八四〇年に『イカリア旅行記』というユートピア小説を出版、大成功をおさめ、次いで一八四六年には『イエス・キリストに倣った真のキリスト教』を出版する。一八四六年の革命に積極的に参加したのち、彼は五〇〇人の〈イカリア主義者〉という共産主義者共同体にくわわるため、テキサスに向かった。ただしこの共同体はほどなく解散することになる。ウェールズ人のロバート・オーウェンの影響のもと、カベは共産主義と千年王国運動《ミレナリスム》を結びつけた。それは原始キリスト教の平等と博愛への回帰を待望するものである。産業の進歩による豊かさが各自の必要に応じた報酬を可能にし、民衆教育によって文明の悪徳は廃棄されると考えられた。彼は、革命闘争よりも、よき範例のもつ説得力に期待したのだ。

　歴史哲学者の**ハーネ・ウロンスキー**（一七七六～一八五三年）は、さらに大きな思弁的な野心をもっていた。コシチュシュコ[1]の連隊で戦ったこのポーランド人将校は、ドイツで数学と哲学を研究し、そしてフランスにおいてポーランド軍団にくわわった。一八〇三年にウロンスキーは天啓《イリユミナシオン》を受け、《絶対なるもの》が彼に啓示された。同年、カントについての著作をフランス語で出版する。そして一八一〇年、彼は科学アカデミーに数学の論文を提出し、数学者のジョゼフ＝ルイ・ラグランジュ（一七三六～一八一三年）の興味をひいた。しかしながら、関数のあらゆる展開を導き出すことができるという《至高の法則》を彼が発見したということについては、ラグランジュを納得させることはできなかった。ウロンスキーは執筆と出版を続けたが、時に生活の支えを得ることが困難であった。彼の遺稿や未刊行のテキストは無数に存在している。

（1）タデウシュ・コシチュシュコ（一七四六～一八一七年）はポーランドの軍人。アメリカ独立戦争に参加、ワシントンのもとで将校として活躍。その後母国に戻り、一七九四年のロシアにたいする武装蜂起を指導した。愛国的英雄とみなされている。ロシアに敗北したのちフランスに亡命した。日本ではコシューシコとも表記される〔訳注〕。

そうした多くの著作のなかに繰り返し現われるのは、形而上学的、道徳的、社会的なあらゆる二元性を克服するものとしての《絶対者》、という主題である。ウロンスキーは「創造の法則」を発見した。それは理性の自発性《スポンタネイテ》である。絶対者とは「自己生成《オトジェニー》」であり、カントの批判哲学がとどまっている二元性を越えたところで、自己を〈実在〉、〈知〉、〈存在〉として定立する自己産出なのだ。シェリング、そしてさらにはヘーゲルの影響は明白である。しかしながらウロンスキーにとっては、絶対者についての学とは数学であり、自分はその公式を握っていると信じたのであった。

「メシアニスム」（これはウロンスキーが一八二七年につくった用語である）とは、絶対者の体系を歴史のうちに翻訳したものである。それは絶対者の実践哲学であり、「自然の不活性と理性の自発性との調和、宇宙における自由と決定論の調和」を対象とするものだ。『歴史の絶対的哲学』（一八五三年）において、ウロンスキーはナポレオンのうちに、近代世界の政治的な媒介者を見て取っている。それは神の主権と国家の主権を同時に代表しているのである。

Ⅲ　オーギュスト・コントの〈実証主義《ポジティヴィスム》〉

オーギュスト・コントは一八一四年に理工科学校《エコール・ポリテクニク》に入学した。しかし共和主義的アジテーションを行なったことを理由に、一八一六年、同校を退学になった。その後コントは一八一七年から一八二四年までのあいだ、サン＝シモン伯爵の秘書となり、〔サン＝シモンが発刊した諸雑誌〕『産業』、そしてそれに続いて『政治』の出版に協力した。『組織者』および『産業者の教理問答』のなかには、コントの初期の論考がサン＝シモンの署名のもとに現われているが、一八二四年には彼のもとを離れた。

以後、コントは数学の家庭教師で細々と生計を立て、一八二五年に結婚、そしてサン＝シモン主義の新聞『生産者』にたいしてはなおも協力を続けた。著名な聴講者（ブランドル、フンボルトなど）を前にコントの「実証哲学講義」が始まったのは一八二六年のことである。しかし第三回の講義の前にコントは深刻な精神障害に襲われ、講義の中断を余儀なくされた。ようやく講義が再開されたのは、二九年一月になってからだ。三〇年には『実証哲学講義』の第一巻が出版される。それを受け三〇年、彼は理工科学校の復習教師に採用され、次いで三七年、同校の入学試験官に採用される。四二年には『講義』の第六巻および最終巻、次いで『分析幾何学基礎論』（四三年）を出版。四四年には『通俗天文学の哲学的概要』の序論として『実証精神論』が公刊され、一八四八年、『実証主義総論』が出版された。〔こうした活躍にもかかわらず〕コントはかつてギゾーに拒絶されたコレージュ・ド・フランスの教授職ポストを、カルノー大臣によっても与えられることはなかった。彼はもはや「実証主義者協会」の援助によって生計を立てるしかなかった。

妻と離婚したコントは、一八四五年から六年のあいだ、クロティルド・ド・ボーとの熱狂的な愛を経験する。以後、クロティルドはコントにとっての霊感《アンスピラシオン》の源となる。『実証主義者教理問答』が一八五一年に出版、全四巻の『実証主義体系』が公刊されたのは五一年から四年にかけてである。一八五五年『保守主義者に告ぐ』、五六年には『主観的総合』の第一巻のみが発表された。一八四四年より《人類教》の大司祭となったコントは、一八五七年に亡くなった。

オーギュスト・コントの著作ほどに有名でありながら、しかも同時に誤解された著作はめったにない。彼は社会学に名を残し、社会学をひとつの科学に仕上げた。また彼は生物学《ビオロジー》という用語を、創出したのではないにせよ、少なくとも科学のうちに導入した。そしてなにより、「実証主義 positivisme」という用語を哲学界に知らしめた。十九世紀後半以降、実証主義という言葉は人口に膾炙し、人びとはこの言葉をつねにコントに結びつけてきた。しかしながらこの言葉の一般的な使用を見てみると、コントがもちいていた意味を発展させたとはいえなくもないがやはり、その歪曲であることが多い。私たちの現代でも多くの場合、コントの実証主義は経験主義《アンピリスト》的、さらには科学主義《シアンティスト》的傾向をもつ認識論だとみなされている。ところがそれらすべては、コント自身が忌み嫌っていたものにほかならないのだ。

(a) 計画：「偉大な人生とはなにか？　それは壮年によってなされた青年の思考である。」『実証政治学論』の序文に掲げられたこのエピグラフは、私たちの注意をひくに充分だ。誤解のないようにしよう。コントは、サン＝シモン主義にたいしてはそうでなかったとしても、少なくともサン＝シモンの計画にたいしては忠実であり続けた。

さて、コントの全仕事を方向づけている計画を理解するためには、一八二四年五月付けのヴァラ〔コントの地元の後輩〕宛ての手紙を引用する必要がある。

「最も重要な考えは次のようなものだ。政治はこんにち、天文学や化学のように扱われる、実証的かつ物理的な科学でなければならないし、そのようなものとなりうるということだ（……）これこそが、われわれがなおも留まり続けている革命期を終わらせるための唯一の方法であり、これによりすべての精神をただひとつの学説へと収斂させることができる。そしてこのことによって、聖職者を押しのけ、教育によってヨーロッパを再編するような新しい宗教的＝精神的《スピリチュエル》権力が現われることになるだろう。」

つまり、諸科学の実証性《ポジティヴィテ》を確立することは、個人および集団的な人間生活を組織化する手段にほかならなかった。すなわち、実証性とは諸々の思考を「統制し」、諸々の心情を「結集させ」、諸々の行為を「秩序づける」ひとつの宗教を体系化〔組織化〕する手段だったのである。サン＝シモンおよび伝統主義者たちと同様に、コントもまた十八世紀の思想のうちにある否定的で破壊的な「形而上学」を糾弾した。当の形而上学は革命的危機を惹き起こしておきながら、その後に社会の再組織化を打ち立てることができないものだった。コントは憲法作成者たちや、リベラル派および議会制主義者、そして基本的人権なるものにたいして、どれだけ厳しい言葉で非難してもなお充分ではないと感じていた。ボナールと同様に、コントは個人が所有するのは義務だけであって権利ではないと考え、天文学には意識の自由など存在しないことを指摘した。しかしだからといって、コントは、危機が始まる前の時代へと、すなわち彼によれば十八世紀以前の時代へと、社会を逆戻りさせようなどとは考えもしていない。カトリック的・封建的体制の失墜は偶然的なものではなく、文明化の進展がたどる必然的帰結である。まさにこの点にかんしてコンドルセ（一七四三〜九四年）という人物が、その著『人間精神進歩史』において「政治に真の実証的理論を与える手段」を構想したのであった。コントは一八二二年の「社会再組織に必要な科学的作業のプラン」の時から、コンドルセにたいする敬意を示し続けている。実際、一八五一年の『実証政治体系』のスローガンは「秩序と進歩」であった。

(b) 三段階の法則は、諸科学の哲学、歴史の哲学、そして心理的進化をも同時に支配するものだ。『実証主義教理問答』のなかで、コントはその法則を次のように提示している。

「〈三段階の法則〉とは、あらゆる理論的な思考が、継起的な三つの段階を必然的に経過するということを意味している。第一段階は神学的ないし虚構的段階であり、第二段階は形而上学的ないし抽象的段階、第三段階は実証的ないし実在的段階である。第一段階はつねに暫定的であり、第二段階は純粋に過渡的、そして第三段階のみが決定的である。第三段階が前の二つの段階ととくに異なるのは、第三段階においては、最終的に諸法則の研究が原因の研究にとって代わることによって、相対的なものが絶対的なものにとって代わるという点だ。」

まずは次のことに注意しておこう。問題になっているのは理論的な思考の〈進化〉であり、最終的にはそれがほかのあらゆる〈進化〉（実践的、感情的、技術的進化）を制御することになるということ、そしてその進化は、どのような領域を考えた場合にも、同一の順序、同一の諸段階をつねに経過するということである。子供はおのずから神学者であり、若者は形而上学者（思春期の危機）、大人は実証的（現実的）である。病理的な退行はこれとは逆の順序をたどることになるだろう。そのことは、コントがみずからの「精神の危機」（『実証哲学講義』を行なっていた時の精神障害）に際して、自分自身の身で確認したとおりである。それにくわえて、三段階の各々のうちにも進化が認められる。たとえば、神学的なものは物神崇拝《フェティシズム》、多神教《ポリティスム》、一神教《モノティスム》という段階を含んでいる。そしてさらに、それらの段階は多少なりとも互いに重なり合っている。そうである以上、すでに物神崇拝《フェティシズム》の段階のうちに形而上学的批判の端緒が現われており、さらには実証性の兆《きざ》しすら現われているということになる。また逆に、本質的に否定的なものである形而上学的段階についていうならば、そこにはつねに多くの神学的な残存物が含まれていることになる。そして最終的に、三段階の根本法則は「分類の法則」に結びつけられる。後者は一般化の減少と複雑さの増加という秩序に従って諸学問を分類するものだ。すなわち、数学、天文学、物理学、化学、生物学、社会学〔という順序の分類〕である。この順序に従って、諸学問は歴史的に実証性へと到達する。そして最後のもの、すなわち社会学が実証性に達するには、そう、コントの登場を待たなければならないというわけである。

　こうしてコントは「社会動学 sociologie dynamique」、すなわち、ひとつの歴史哲学のための知的手段を獲得する。その分析は、ヘーゲル弁証法のそれに匹敵するほど、精密で複雑なものである。十八世紀の哲学者たちがうまく説明することのできなかった中世の取り扱いにおいて、社会動学的歴史哲学による分析はとくに際立っている。コントにとって、〈革命〉はけっして創造的なものではないし、また〈進化〉は秩序の発展にすぎない。それゆえ社会動学は「社会静学 sociologie statique」を前提とする。社会静学とは、あらゆる人間生活、すなわち、あらゆる社会生活（家族、言語、国家、宗教）の恒常的な基礎構造の研究である。ボナールやメーストルと同様の見方だが、人間を把握し説明するのは社会であるということだ。イデオローグやエクレクティスムがあつかっていたような、もっぱら形而上学的な起源をもつような心理学が社会学に入り込む余地などないのである。

(C) 実証性。 オーギュスト・コントは三段階の法則を、しばしば自分自身でよりシンプルな二項対立へと縮約している。つまり神学的‐形而上学的段階と、実証的段階との対立にである。

この二項は、次のようなかたちで対立させられる。すなわち、原因の探求か、あるいは法則の確立かという対立、そして絶対的なものへの権利要求か、あるいは歴史を正当化しうる唯一の思考である相対性の思考か、という対立だ。コントは、あらゆる科学的思考というものは、現代の用語をもちいるならば、「前‐科学的」な思考と連続しているのと同時に断続してもいることを理解していた。神学的‐形而上学的な「虚構的総合《サンテーズ・フィクティヴ》」は、あらゆる認識の最初の条件なのである。彼は実証性についてのあらゆる経験主義的な解釈を拒絶している。コントが肯定するのは、心理学的、化学的《シミック》、生物学的、社会学的な諸現象といったさまざまな次元が、従属関係をなすと同時に、それぞれが還元不可能でもあるということだ。分析がどれほど進んだとしても、「正当に化学的と形容される事実のうちには、たんなる物理的事実のうちにある以上のなにかがつねに存在する。このことは必然的に真でありつづけるであろう」(『実証主義講義』、第二八回講義)。同様に、コントによって定義された実証性は、唯物論《マテリアリスム》を排除する。唯物論とは、低次のものによって高次のものを説明しようとする、要するに本来不可能な理屈だ。唯物論が現われるのは、形而上学精神がまだそれ自身では評価することのできない新たな実証性(たとえば生物学的実証性)を催促し、準備しているような段階においてである。〈諸科学の体系〉がまだ構築されていない場合には、唯物論は避けえないものだ。しかしながら、唯物論がある一定の科学的領域を、別のより単純なもの〔物質〕に併合してしまえるなどと主張するならば、それは「不当な横領」である。「僭慢な神学者たちが夢見た絵空事の〔精神の〕独立性に反して、あらゆるわれわれの精神的革命は、われわれの実践生活の継続的な革命から生じるのである」（『実証政治体系』、第三部、四章）。ところが、このことは唯物論を少しも正当化するものではない。つまり、従属と還元はちがうということだ。一方では経済的唯物論を、そして他方では労働にたいする神学的な無理解を、双方ともに追い払わねばならない。そのうえ、生という概念がそのまったき意味を見出すのは、社会的生〔社会生活〕においてのみだ。植物的生や動物的生は、社会的生のかすかな素描にすぎない。そして最も特徴的な有機体は歴史的《人類 l'Humanité》、すなわち《大存在 Grand Être》である。動物はそのわずかな兆しをもつにすぎない。

（d）主観的総合。 コントの実証主義は、科学主義 scientisme とはまったく正反対である。科学主義とは、単数形の《科学 *la science*》を〈諸科学の体系〉にとって代わらせ、それを神学的＝形而上学的絶対者に単純に対置できるような、新たな形而上学的絶対者に仕立て上げるもののことだ。さて、「実証的 positif」とは「相対的 relatif」という意味である。そしてこの相対性は、たんに歴史的相対性だけではない。諸科学の進歩は認識のある恒常的な構造を展開させるのだが、すなわちそれは、客観性と主観性の相関である。この相関こそが実証主義の体系が認識しようと努めたものにほかならない。

客観的総合は、主観的総合が伴わなければ、つねに不完全でありつづける。この点が、社会学の確立によってはっきりしてくる。客観的方法だけを使用するというやり方は、主観性の増大という事態を前にして維持しえないものとなってしまう。主観性が増大するとはどういうことか？ それは、主観性というものが、「生者が死者によって次第に支配されゆく」という関係、《人類》の過去との関係を含んでいるということである。こうして、魂の不死についての教義《ドグマ》が、実証主義のうちに移し替えられる。「大存在」のうちに一体化された諸々の魂の「主観的永続性」は、魂にたいして「実証的」な重要性を付与することになろう。その重要性は、魂の「客観的」実在性がもっていた以上のものだ。「ホメロス、アリストテレス、ダンテ、デカルトといった人びとは、彼らを吸収することのできる個々の脳のうちで絶えずよみがえる。そのことによって、〔彼らの〕客観的な生がもつ影響をときに超えるような影響帰結が生み出されるのである」（『実証主義体系』第四巻、一〇六頁）。実証性はあらゆる背後世界を排除するが、しかしだからといって、実証性と客観性とはけっして混同されえないものである。

　オーギュスト・コントは、一八二五年の『精神的権力についての考察』において、すでに次のように書いていた。「教条主義《ドグマティスム》は、知性の正常な状態である。」実証的宗教こそが、精神的《スピリチュエル》権力を確固たるものとし、そしてまた、「論理的、科学的なあらゆる概念のうちに、現実的で継続的な調和を打ち立てる」ことを可能とする。それゆえ実証主義は、神学的‐形而上学的な長い変遷を経たのちに、〈物神崇拝《フェティシズム》〉の原初的な教条主義を再発見することになるのだ。物神崇拝における世界と人間の関係は「感情の論理」というかたちをとっていて、それは直観に、すなわち無機物にいたるまでのあらゆる存在者に向けられた直接的な共感作用にもとづいている。多神教は「イメージの論理」に対応している。想像力は一般的な現象へと高まることができる。たとえば、ネプチューンという神のイメージのうちに、海がもつさまざまな特性を表わすことができる。イメージの論理は直観に帰納的推論をつけくわえ、出来事の予測の先駆けとなる。次に、一神教の段階から支配的なものとなる「記号の論理」の登場によって、演繹作用が発達する。これによって抽象的言語を自由かつ正確に扱うことができるようになるが、しかし同時にそれは言語の偏重という危険を伴うことにもなる。以上の論理の諸段階にたいして「実証的論理」は、総合《サンテーズ》と共感作用《サンパティー》との結びつきから生じてくることになるだろう。「感情がイメージと記号を支配するような真の論理は、それゆえ、物神崇拝に起源をもつのである」（『実証主義教理問答』）。宗教的な教義のみが、感情が精神に与える影響を体系化〔組織化〕するのであり、そしてそれだけが「愛は原理として、秩序は基礎として、進歩は目的として」というスローガンに適ったものなのだ。

十九世紀中ごろにおける二者択一は、宗教（一神教）か、あるいは無神論（形而上学）か、というものではもはやなかった。そうではなく、かろうじて存続しているにすぎない「啓示された révélée」宗教か、あるいは形而上学によって引き起こされた知的無政府状態が乗り越えられたのちに、唯一可能なものとして現われる「証明された démontrée」宗教か、という二者択一なのだ。『実証精神論』は科学と神学の最終的な両立不可能性について論じている。こんにちいったい誰が、アポロンやジュピターが存在しないことを気に病むというのか？　一神教もすぐに同様の事態となるだろう。コントにとって、たしかに神はすでに死んでいる。しかしそのためにこそ、宗教は生き続ける。《大存在 Grand Être》として認知されるべきは《人類 Humanité》なのだ。しかしこの《大存在》は、ただ主観的にしか、そのようなものとして把握されることができないものなのである。

（e）コント以降の実証主義。コントの死後、実証主義教会はさまざまな国で、とくにブラジルにおいて（その旗印として「秩序と進歩」というモットーが掲げられた）一定の発展を遂げた。そこではしばしばカトリックに影響を受けた寺院や儀式が設けられ、またコントが偉大な人間たちの顕彰のために割り当てた暦が設けられた。しかし実証主義教会は、もはやほとんど哲学史との関係を保つことはなかった。とはいえ、実証的 positif・実証性 positivité・実証主義 positivisme といった用語は周知のものとなり、なおも大きな成功をはたしていった。しかしほとんどの場合、コントの著作におけるそれらの用語の使用法とは大きく異なっている。歴史哲学、実証的政治学、実証的宗教といった側面が都合よく削除され、実証主義は経験主義的な、さらには科学主義的な科学哲学になった。《人類》の宗教は〈科学の宗教〉へと方向を変えた。実証性と科学的客観性のこうした混同については、とりわけ**エミール・リトレ**（一八〇一～八一年）に責任がある。医学を修め、デモクラシー主義者で、反教権主義者でもあるこの博識な人物は、一時期コントに夢中になったが、一八五一年以降コントから離れていった。というのもサン＝シモン主義者たちのグループと同様に、リトレもルイ＝ナポレオンのクーデタを容認したからだった。彼は著名な『フランス語辞典』〔通例「リトレ」という名で呼ばれ知られている〕の編纂《へんさん》者となり、第三共和政の初頭に大きな影響力をもつことになる（『保守主義、革命、実証主義』一八五二年）。

第三章　批判的撤退　一八四八〜七〇年

一八四八年の二月革命が、十九世紀の真ん中に大きな区切りを刻み入れる。とくに《六月蜂起》の流血の日々は激しかった。

だがその帰趨は。「赤 Rouges」〔極左をあらわすこの表現は、新しくこの頃生まれたのだった〕の勢力にたいする不安が、世論を右方向へと揺り戻させ、ルイ＝ナポレオン・ボナパルトの大統領当選という結果を生み出した。この〈皇子大統領〉がほどなく、専制的な《権威帝政》〔第二帝政の前半〕という政体《レジーム》を皇帝となって打ち立てたのであった。

この皇帝ナポレオン三世は社会問題に通じており、以前に『貧困の絶滅』（一八四六年）という本を書いていた。彼は労働者に団結権を認め、一八六四年には、フランスの労働者代表たちを援助して彼らをロンドンへ第一インターナショナルのために派遣した。しかし皇帝は、反帝政という目的のもとで社会主義者と組んだ、共和主義者たちの勢力にぶつかった。この衝突は、解消しえない対立だった。保守主義者たちやカトリック界からも圧力を受けたナポレオン三世は、漸次的に政体を自由主義化することに解決の糸口を探った〔第二帝政の後半、通例《自由帝政》と呼ばれる〕。最後に帝政末期の一八七〇年には、国民投票を実施して、半‐議会主義的な《議会帝政》〔一八七〇年一月二日成立の議会最大会派代表のエミール・

オリヴィエを首班とする議会主義的内閣）の信任に形式上成功しもした。だがまもなく、普仏戦争の惨憺たる結果のうちでこの帝政は消失する。

十九世紀は批判《クリティーク》の時代、歴史《イストワール》の時代といわれる。ただしそこでいう〈歴史〉とはなにか。それはもはや啓蒙主義に由来する哲学的歴史ではないし、ロマン主義的な種々の大きな神話を賦活していたたぐいの歴史でもない。そうではなく、十九世紀後半のいう〈歴史〉とは、科学的たろうとする歴史〔学〕であり、実証的（オーギュスト・コントの意味での「実証主義的」ではないが）たろうとする歴史である。〈批判〉のほうはどうか。十九世紀の〈批判〉は、根源的な探求というものをあきらめ、事実が客観的であるかどうかの確認に甘んじるものとなった。合理的＝理性的であるとは、もはや、科学的であるということしか意味しない。以後、信仰と理性との関係は、科学と宗教との関係という問題にもっぱらなってゆくだろう。

I　貧困の哲学――プルードン、所有と無政府主義

サン＝シモンからインスピレーションを受けた産業計画《プログラム》ともいうべきものが、第二帝政下で、しかも時としてかつてのサン＝シモンの弟子たち（たとえばミシェル・シュヴァリエ）の指導のもとに、実行されたように思われる。通信手段や鉄道の急発展、海路（スエズ運河）の急速な拡張。強力な金融機関の設立（ペレール兄弟の動産銀行《クレディ・モビリエ》）。自由貿易の発展、等々。これらの事業で、七月王政期にすでに生じていた新た

な産業・金融界の指導的階層の繁栄がさらに後押しされていく。そして同時に、〔階級格差という〕社会問題が一層抜き差しならないものとなってきた。

ピエール=ジョゼフ・プルードン（一八〇九～六五年）は醸造業者と料理婦のあいだに生まれた。ブザンソンの中学校では優秀な奨学生だった（それゆえ一般的にいわれているのとはちがって、彼は独学者ではない）。十九歳で植字工となり、〔校正作業という仕事を介して〕神学と政治経済についての教養を幅広く身につけた。政治評論家や経済学者としての彼の著作は膨大な量にのぼる。四〇年の論文『所有とはなにか』によって、そして急速に人口に膾炙した定式《所有、それは盗みである la propriété c'est le vol》によって、彼は有名になった。刊行物のために告訴されることにもなった。四八年にプルードンは国民議会の議員に当選。利子を取らず無償で資産を流通させる銀行、《人民銀行》の設立・運営を試みた。しかしルイ=ナポレオンへの批判の咎《とが》で逮捕、懲役刑となる。彼はジュネーヴに、ついでブリュッセルに亡命せざるをえなかった。とはいえ、彼の影響自体はどんどん大きくなっていく一方だった[1]。

（1）巻末参考文献【13】。

所有権に異議を唱えた最初の人が、プルードンだったわけではない。もちろん。いつの時代だって財産の共有は提案されてきたし、バンジャマン・コンスタンのようなリベラル派たちでさえ、財産というものを法律を上回る権利としてではなく社会的機能としてとらえていた。相続財産というものにたいして非常に批判的だったサン=シモン主義の立場でも同様である。ということは、プルードンの成功はまさに、《所有とは盗みである》という定式のパラドクスめいた荒々しさによるものだ。

プルードンは問いかける。《奴隷制度とは殺人である》という、似たような主張も自分にはあるのだけれども、なぜこちらより先の定式のほうにひとはショックを受けるのか……？　その答えは、所有権が私たちの政治と制度のまさしく基盤のところに位置しているからだ。「所有権を改革すること、それは社会全体を改革することであり、人類全体をつくり直すことである。」**アドルフ・ティエール**（一七九七〜一八七七年）が『所有について』（一八四八年）のなかで確証しようとしていたことも、要するにそのことだ。ティエールが幾何学的明証によって直接的に証明しようとしたのは、「社会の秩序が依拠しているのは、個人の所有権という単純で実り豊かで不可欠な原理にである」ということであった。

　ところでプルードン自身は共産主義（エティエンヌ・カベの共産主義）には反対だった。「共産主義《コミユニスム》の論理は、さまざまな考えにたいする不寛容さに通じている。しかしそれは大変だ！　考え方の不寛容さとは、いわば人間にたいする不寛容である。人間にたいする不寛容、それは排除である。それは所有である」（『矛盾の体系』）。プルードンは「共有財産」に反対するティエールの議論を、奇妙な仕方でとらえ直すことになる。すなわち、所有権の主たる機能は公権力の抑制である、したがって個人の自由を保証することである、と。プルードンは四九年の『一革命家の告白』のなかにこう書き記す。「〈所有、それは盗みである〉。〈所有、それは自由である〉。この二つの命題は等しく証明されている。そして矛盾の体系のうちで、二つが肩を並べて存続しているのだ。」というのも、「闇の天使」（プルードンの原文ママ）である所有は「光の天使」にも変身しうる。中央集権的《国家》に対立する契機として、所有は「リベラル連邦主義的《フエデラテイヴ》、地方分権的《デサントラリザトリス》、共和的、平等主義的、進歩的、正義的《ジユステイシエル》」ななにものかとなりうる。ちなみにいま並べられた一連の用語は、プルードンの経済哲学全体を特徴づけるものだ。

「それゆえ所有は、ここでは別の経済的カテゴリーを帯び、自身の存在理由と非‐存在理由とをもつものとして現われる。いいかえれば、所有は経済体系と社会体系という二重の顔をもつのだ」（『一革命家の告白』）。プルードンは、自分はヘーゲルを読んだことがない、とあっさり認めている。しかし彼は確信していた。「この（ヘーゲルの）論理は、私の論理のひとつの特殊なケースにすぎないか、あるいは——お望みならこういってもよい——私の論理の最も単純化されたケースにすぎない」（「ベルクマンへの手紙」一八四五年一月十九日付）。実際プルードンにとって「総合」とは一致、調和のことのほかならない。そして一致や調和とは、さまざまな原理から、それら一つひとつのもつポジティヴな側面だけをある種のエクレクティスム（折衷主義）によって保持すること、である。こうした多元主義《プリュラリスム》こそが、おそらくは、プルードンの仕事がおよぼした影響の多種多様性（左翼のアナルコ＝サンディカリスムから、シャルル・モーラスのような極右まで）の原因になっていよう。

あらゆる絶対主義の拒否。とりわけ中央集権国家の拒否によって、プルードンの著作は無政府主義《アナーキズム》の大きな源泉のひとつとされてゆくだろう。「さまざまな経済問題の解決によって、社会的利害と個人的利害とのバランスがとれて、連帯が可能になるとき、そのときあらゆる強制は消えて、われわれは十全なる自由ないし無政府状態《アナルシー》に身をおくことになるのは、明白なのだ。社会の法はみずからを完成する。監視なき、命令なき、普遍的な自発性《スポンタネイテ》によって！」（「ラルース百科事典の編集者への手紙」一八六四年八月二十日付）。人類を最終的に組織化するには、あらゆる矛盾の「普遍的な等式 équation générale」が発見されていることが前提となる。どんな式か？　それは《相互性》の理論の定式化以外のものではありえない。「相互性の理論、現物交換の理論。消費貸借がその最も単純な形態であるようなこの理論は、集団存在という観点から見るならば、所有と共有という二つの観念の総合《サンテーズ》である」（『矛盾の体系』）。

「貧困の哲学」という副題を持つ『経済的諸矛盾の体系』は、労働と無為との対立というサン＝シモン的な二律背反《アンチノミー》をとらえ直す。「非生産階級は服従すべきである。同時に非生産階級はひどい嘲りによって命令する。」これが労働と特権のあいだにある矛盾であるが、最終的にはこの矛盾のなかにプルードンはメスのオスにたいする関係を見てとった。「労働は自己意識なき創造活動と似ていて、観念や法がそこに入り込まない限り、不確実で不毛な〔不妊の〕ものだ。労働とはそこで価値が錬成されるひとつのるつぼである。労働とは、文明の大いなる母胎、社会の受動的女性的原理である。」

労働の分業と機械使用によって人間は愚かになり、奴隷となった。だが、その同じ手段をもちいて人間は科学へと、自由へと高まるはずである。そうプルードンは考える。政治経済学はそのあらゆるカテゴリーにおいてひとつの具体的な哲学だといえる。だが、そのことから唯物論は帰結しない。生じてくるのは宗教的観念の矛盾なのである。「哲学にとっては、人間の生は動物性と自然からの継続的な解放であり、神にたいする闘いだ。ところが宗教的実践においては、生とは人間の自分自身との闘いであり、社会がひとつのより高次な存在へと従うことなのだ」（『経済的諸矛盾の体系』）。宗教が「正義の詩」であり神が人類の象徴化だとするならば、「ある意味では神は立ち去るだろう。というのも、原初の概念《コンセプシオン》＝受胎が日に日に放棄されてゆくからだ。しかし別の意味で神は到来するだろう。というのは、ヘーゲルがいうように、象徴の対象がどんどんよりよく理解されてくるからだ」（『宗教論集』）。

一八四七年に、カール・マルクス（一八一八〜八三年）が『哲学の貧困――プルードン氏の《貧困の哲学》への応答』を出版した。これはフランス語で書かれている。マルクスはプルードンのヘーゲル理解がいかに大ざっぱなものであるかをたやすく示してみせた。プルードンは神秘的な諸原因を考案しており、歴史のプロセスのリアルな運動を追跡することができず、分業一般について語ることも分業と機械使用との関係について語ることもできていない。プルードンにとってはあたかも永遠不変の法則が重要であるかのごとくである。これらの点について彼はアダム・スミスがいったこと以下の内容しかいっていない。——このようにマルクスはプルードンを批判した。

たしかにプルードンは〈神の発出《エマナシオン》〉や〈人類の隠された永遠の生命の表出〉といった観念を経済カテゴリーとみなしてもちいている。しかしプルードン自身は、それらが社会的諸関係の現実の運動にてらして否定されるべきフィクションや思い込みであるなどとは考えてはいない。実際マルクスがいうように、「プルードン氏はブルジョア的生活が永遠の真理だと直接的には主張していない。彼は間接的にそう主張しているのだ。ブルジョア的関係を思想として表現する諸カテゴリーを神格化させながら」（アンネンコフへのフランス語の手紙、一八四六年十二月二十八日付）。マルクスとプルードンとの対立。この対立が、以後、フランス社会哲学の展開にとって決定的に重要になってゆくだろう。

II　悪の詩——ボードレール、ヴィニー、ユゴー

文学の分野では、第二帝政開始以来、写実主義《リアリズム》が小説では支配的になり（フローベール『ボヴァリー夫人』一八五六年）、詩においては〈芸術のための芸術〉という姿勢が支配的になった（テオフィル・ゴーティエ『七宝螺鈿集』一八五二年）。《進歩》への熱望はしずまり、「近代性《モデルニテ》」についての醒めた批判的《クリティーク》＝批評的な

記述にその場所をゆずったのだった。高踏派の代表的詩人**ルコント・ド・リール**（一八一八～九四年）の『古代詩集』（一八五二年）においては、「無感動《アンパシビリテ》」ということがひとつのラディカルな厭世主義の表われとなっている（《人間であることの恐怖》）。

他方、「純粋芸術」という理想をもっていた**シャルル・ボードレール**（一八二一～六七年）は、ブルジョワ的ないし社会主義的な道徳に従属しているとして、〈芸術のための芸術〉と〈実証主義的芸術〉との両方にたいして異議を申し立てた。『悪の華』（一八五七年）の詩人ボードレールは、「近代性」のあれこれの側面に魅了されてはいたが、彼は進歩を嫌悪した。そして進歩から利益を引き出し利用するブルジョアジーを嫌悪した。この態度はロマン主義を受け継ぐ芸術家の態度であるというだけでない。メーストルの著作を読んでいる人間の態度であり（《メーストルとエドガー・ポーが、私にものの考え方を教えた》）、そして、悪魔《サタン》よりも神のほうを疑うようなタイプの神学者の態度である（《もし神がいなかったとしても、宗教は聖なるもの・神的なものであっただろう》――散文詩「糸巻き」）。

ロマン主義は十九世紀の半ばで、文学運動としては消失する。だが偉大なロマン主義詩人たちは、孤独に作品を追求していた。**アルフレッド・ド・ヴィニー**（一七九七～一八六三年）は『運命』（一八六四年、没後出版）という哲学的詩集を完成させた。この哲学的詩集には、〈近代性〉についての、議会政治についての、軽蔑をこめて「平等主義的デモクラシー」（「神託」）と彼が呼ぶものすべてについての、荒々しい批判が登場している。『運命』収録の作品の一部には、フランス語で書かれた最も美しい詩句のいくつかがある。そのひとつ「牧人の館」のような詩は、産業の進歩と芸術の社会的機能とにかかわるサン＝シモン的理想にたいする、ひとつの応答だとみなされうる。ヴィニーは「フルート」のなかで落伍者サン＝シモンを「汎神論の父」、ブッダの輪廻を発明したと思いこんでいる者として戯画化した。キリスト教的摂理にたいして、古代の宿命論を対置すべきだろうか？（「運命」）詩人の尊大な瞑想がその果てにいたる結論は、敵意あるものではないけれども、まさに無感動なものたる《自然》の「鉄面皮な永遠性」であり、神の沈黙であった。「義人は、不在にたいして軽蔑で対峙するだろう。／そして、凍れる沈黙によってしかもはや応答しない／神性の永遠の沈黙にたいして」（「オリーヴ山」）。

帝政と対立し英領アングロノルマン諸島に亡命した**ヴィクトル・ユゴー**（一八〇二～八五年）は、まったく別の道に身を投じた。かつては王統派カトリックだった詩人が、いまや共和主義者、デモクラシー主義者となり、〈小《プチ》ナポレオン〉にたいする妥協なき対立者となった（彼は帝政批判パンフレット『小ナポレオン』を出し反響をよんだ）。ユゴーは〈小ナポレオン〉のクーデタをけっして許さないだろう。罪人であると同時に犠牲者でもある「悲惨な者《ミゼラブル》」という形象について、そしてその「悲惨な者」の贖《あがな》いについての人間の歴史と超人間的歴史について、ユゴーの著作は膨大な量の省察をくわえる。「福音書は地獄に堕ちた者たちを語った。未来の福音は、赦された者たちを語るだろう。」並外れた力でユゴーは伝統主義（償いとしての人間の歴史）ないし黒いロマン主義（悪魔主義）に由来する主題群を進歩の哲学と混ぜ合わせて、キリスト教の延長、深化を探求しようとした（『教皇』『既成宗教と真の宗教』）。ユゴーのそうした思索は、晩年のラムネーの思想を連想させる。

ユゴーは『諸世紀の伝説』（一八五九年～）では人類の進歩、すなわち技術的、社会的、道徳的、宗教的進歩についての叙事詩をうたった。だがこの『諸世紀の伝説』の真の意味は、未完となった『サタンの終わり』および『神』と合わせた、三部作として読まれることで初めて見出される。素晴らしい叙事詩『サタンの終わり』ではフランス革命についてのエピソードが、そして『神』では無数の宗教的な詩句からなる詩が書かれる予定だった。ユゴーは『諸世紀の伝説』の序でこの三部作に「〈人間〉、〈悪〉、〈無限〉」「進歩的なもの、相対的なもの、絶対的なもの」という定式を与えている。あまりにしばしば忘れられてしまっていることだが、ユゴーの政治参加と社会批判は歴史神秘主義から切り離せない。超自然的なドラマトゥルギーからも切り離せない。詩作品「ロバ」のなかで、詩人ユゴーは哲学者カントに語りかけている。「薄暗い文字が、ああカントよ、壮麗な語をかたちづくる……。カオスは天の暗い卵である。」しかしダンテ『神曲』にのっとった巨大な三部作は未完にとどまるだろう。

III　スピリチュアリスムとリベラリスム――クザン派の黄昏、その遺産

一八五二年の第二帝政成立はヴィクトル・クザンの挫折を決定的にした。彼が懸念していたように、四八年の革命による「無秩序=無政府《アナルシー》」に続いたのは独裁だった。二月革命後クザンは共和派の将軍カヴェニャックを支持したが、ルイ=ナポレオンの大統領当選によってそれもむだに終わった。世俗性《ライシテ》の擁護とファルー法〔師範学校出身でない聖職者を学校教員として採用しやすくする法〕への反対も、同様にむだだった。パリ文科大学の哲学講座は削減された。さらに公教育大臣のフォルトゥール、高校《リセ》での哲学科目を廃止、わずかばかりの論理学と道徳の授業のみに縮減した。ヴィクトル・ドゥリュイによって高校の哲学教育が再開されるには《自由帝政》期の六四年まで待たねばならない。クザンの弟子の一人だっ

たルイ・ボタン（一七九七〜一八六七年）はストラスブールで教鞭をとっていたが、突然回心して司祭になった。彼にとってはカント的批判哲学が合理神学を拒否するための論拠として役立ったが、その結果彼はローマから信仰至上主義《フイデイスム》だとして非難された（『キリスト教の哲学』一八三五年）。

クザンによって任命されていた多くの若い教員たちは、ルイ＝ナポレオンのクーデタのあと、亡命することを選んだ。だがそれでも、エクレクティスム派は教育分野ではなお確固とした地位を維持した。この点にかんしてはソルボンヌでダミロンの後任になった、ジュフロワの門弟**エミール・セッセ**（一八一四〜六三年）の名を少なくとも挙げることができる。セッセはクザンの解釈どおりに懐疑主義の歴史（アイネシデモス、パスカル、カント）を研究したあと、スピノザの翻訳に専念した（『スピノザ著作集』全二巻、一八四五年）。この翻訳はなかなか立派だ。『スピノザ著作集』第二版に付された「批判的序文」が重要である。そこでセッセは、エクレクティスムは汎神論に通じるという非難にたいして、エクレクティスムを擁護する。汎神論とは無神論と神秘主義のあいだをつねに揺れ動くなにかだ。揺れ動くようなものを、哲学的合理主義からのロジカルで明確な必然的帰結とは呼べまい。『宗教哲学』（一八五九年）第一部の歴史的研究は、エクレクティスムの合理的な神義論をそのまま踏襲しているが、「省察」と題された第二部はその歴史研究に宗教的感情を結びつけている。「宇宙の自由で知的な人格的創造主であり、人類の審判者、人類の父である神なるものの自然な観念、聖なる観念」を、魂は見出すのだ。

アドルフ・フランク（一八〇九〜九三年）はユダヤ教の研究で哲学の教授資格を取った最初の人だ。彼がとくに知られているのは『哲学事典 *Dictionnaire des sciences philosophiques*』（一八五二年、第二版一八七五年）の編者としてである。フランクは五六年から八六年までコレージュ・ド・フランスの自然法・

国際法講座の教授であった。汎神論やユダヤ思想についての彼の著作はクザンのエクレクティスムに忠実であった（『カバラ、あるいはヘブライ人たちの宗教哲学』一八四三年）。

ソルボンヌでジュフロワの後任であった**アドルフ・ガルニエ**（一八〇一〜六四年）もまた、エクレクティスムを共通感情と調停させようと努めた。「みなに踏みならされた道を大衆とともに歩むこと」を自分は恐れない、とガルニエは語る。彼はジュフロワのよき弟子として、『魂の諸能力について』（全三巻、一八五二年、第二版六五年）のなかで哲学全体を心理学にもとづかせた。ガルニエは、認識というものを信念、あるいは「知的本能」――帰納や解釈（表現と言語）や自然な信仰――から切り離して考えようとする。そうすることで、彼は神についての三つの観念を区別することになった。まず、〈永遠の原因〉という観念（汎神論）。次に、秩序と美の理想という観念。これは知識というよりも構想された概念に近い。そして、創造主であり完全である神なるものという観念。これはキリスト教の見方と合致する。ガルニエの分析は魂の機能を少々無思慮なやり方で多様化させてしまったが、そこに洗練された繊細さや新しさがないわけではない。彼は、カントは純粋時間と知覚された持続とを混同し、純粋空間と観察可能な空間を混同したとしてカントを批判した。色は、色として、たとえ色の強度が測定できなかったとしても、形や運動から独立した明確な存在であるとガルニエは考える。つまり概念〔赤色の知的抽象的概念化〕と知覚〔赤いものが見えること〕を厳密に区別すべきだと。のちにベルクソンがこの指摘を思い出すことになるだろう。

『自由思想』誌の創始者（一八四七年）である**ジュール・バルニ**（一八一八〜六八年）と**ジュール・シモン**（一八一四〜九六年）のような人物はこれまで見てきたようなエクレクティスム正統派からは明らかに

区別される。とはいえ彼らはまちがいなくスピリチュアリストであり、クザン哲学の継承者である。あえて〈クザン左派〉と名づけるべきだろうか？　バルニはクザンの秘書であり、帝政に忠誠を誓うのを拒んでジュネーヴで亡命生活を送り、聖職者中心主義と戦った（『自由思想の殉教者たち』一八六二年）。第三共和政が始まってからはバルニは共和主義者ガンベッタに仕えて『共和主義の手引き』（一八七二年）のような著書を出版し、国民議会議員になった。だが彼がなんといっても知られているのは、カントの著作の注釈・翻訳者としてである（『実践理性批判』一八四八年、『純粋理性批判』一八六九年）。彼のカント解釈はクザンの解釈とかなり異なっている。クザンのように懐疑主義に通じる主観的観念論をカントに見出すのではなく、むしろバルニは批判哲学を共和主義的道徳の根拠とみなした。共和主義的道徳は神学的道徳と同じぐらい要求の多い峻厳なものだと考えられている。

哲学の教授資格を持つジュール・シモンはソルボンヌでクザンの代講を行なったが、哲学研究と同時に政治活動も行なった。一八四〇年に国民議会議員になったシモンは、四四年から四五年にかけて古代のエクレクティスムにかんする重要な著作を刊行し（『アレクサンドリア学派史』）、四八年には自由思想家会の会長となった。ルイ＝ナポレオンのクーデタ後に議員を解任され、政治参加は著作活動というかたちになった。『義務』（五四年）、『自然宗教』（五六年）、『良心の自由』（五七年）、『自由』（五九年）など。六三年から国民議会議員、帝政崩壊後七一年には文部大臣。七六年には首相を務めた。首相となったシモンは、自分は「心底から保守主義者であり、同時に、心底から共和主義者」である、と公言した。彼はエクレクティスム的スピリチュアリスムの軌道を変化させて、共和主義と自由思想とにそれを結びつけたのであった。

貴族階級のカトリックであった**アレクシス・ド・トクヴィル**（一八〇五～五九年）は、伝統主義者のなかにとまったく同様にクザンのなかにも、あるいはのちにゴビノーのなかにも宿命論が見られると考え、それを拒否した。だが一方で、彼は師ロワイエ＝コラールやシャトーブリアン、バランシュと同様に、この世紀は「デモクラシーに向かっている」と確信していた。「〈平等〉の漸次的発展は神の摂理にしたがう事実である。この発展は摂理の主要な諸特徴を有している。つまり普遍的で持続可能であり、人間の権力からつねに逃れている」（『アメリカのデモクラシー』一八三五年）。

トクヴィルは合衆国にたんなる一例以上のもの、すなわち預言的予兆を、おそらくはひとつのモデルを探ろうとしていた。だが、トクヴィルは大部の『アメリカのデモクラシー』の第二巻で〈平等〉が〈自由〉にもたらす危険を認めざるをえなくなる。新たなデモクラシー的専制政治が群衆《マルチチュード》のなかに個人を消失させる危険である。「それはデモクラシー的な人民の精神を汎神論へと傾かせることになる」（この表現は『アメリカのデモクラシー』第二巻第七章のタイトルになっている）。トクヴィルは一八四八年に国民議会議員、一八四九年には外務大臣を数か月務めたが、なにによりもまして彼は頭脳明晰で醒めた目をもつ一人の観客であった。このリベラル保守主義者は『旧体制《アンシャン・レジーム》と革命』（一八五六年）のなかで、中央集権的な政治をおし進めたという点でむしろ絶対王政とジャコバン政権との連続性を強調し、フランス革命史を反‐革命的に解釈していく道をテーヌに開いた。(1)

（1）巻末参考文献【14】。

アレクサンドル・フシェ・ド・カレイユ伯爵（一八二一～九一年）がとりくんだデカルトとライプニッツについての哲学研究（『デカルト、ライプニッツ、スピノザ』一八五五年）はクザンに激励されていた。カレイユは『デカルト未刊著作集』（一八五九～六〇年）と、『ライプニッツ著作集』全七巻（六九～七五年）を出版した。帝政下ではリベラル派政治家として振る舞い、第三共和政では大使と上院議員になったカレイユは、しかし、正確にいえばエクレクティスムには属していない。彼の著作『ヘーゲルとショーペンハウアー』（一八六二年）はフランスで出版された最初のショーペンハウアー研究だ。

同じく帝政に反対した者として**ポール＝アルマン・シャルメル＝ラクール**（一八二七～九六年）がいる。彼はクーデタのあと亡命せざるをえなかった。哲学の教授資格を持つ彼はまたドイツ思想のフランスへの紹介者でもあった（リッテルの『哲学の歴史』の翻訳一八六一年、フンボルトについての研究『個人主義的哲学』六四年）。彼はまた大使、大臣、上院議長を歴任し、第三共和国の偉大な名士の一人ともなった。

シャルメル＝ラクールは一八七〇年に『両世界評論 *Revue des deux mondes*』誌にショーペンハウアーについての論文を掲載し、反響を呼んだ（「〔ショーペンハウアーは〕ドイツにおける現代の仏教徒である」）。『ある厭世主義者《ペシミスト》の研究と反省』（遺作、一九〇一年）で描いた人物像は、著者自身のいわば分身であるひとりのショーペンハウアー主義者の姿である。スウィフトあるいはレオパルディのような人の運命に魅了され、「真の智恵は、哲学においても政治においても、理性を使用せずに満足することである」となにか暗澹としたユーモアを持って語る姿だ。カレイユとラクールによって、ドイツ思想の新たな寄与がフランスにもたらされた。厭世主義《ペシミスム》〔悲観主義〕は退廃《デカダンス》ないし堕落というテーマと結びつき、世紀末文学の不可避のテーマの一つとなってゆく。

ともかく、エクレクティスムは少なくとも十九世紀末まで続いている。やはり重要だったのは、カトリック的伝統主義にたいして哲学的理性を擁護することであり、同時に無神論や唯物論や実証主義にたいしてスピリチュアリスムという立場を主張することであった。政治的自由主義と宗教的自由主義のためというこの二重の闘いは全国教育機関《ユニヴェルシテ》のなかで確固たる立場を保持した。だが、後期エクレクティスムにたいしてはテーヌがクザンにたいして行なった同じ批判が向けられるだろう。礼儀作法を気づかったレトリックの追求が哲学的分析の追求と混同されているという批判が。

ソルボンヌのガルニエの後任者**エルム・カロ**（一八二六～八七年）については取り上げるべきことはほとんどない。彼は汎神論にたいする論争を繰り広げたが（『神の観念とその新たな批判』一八六四年）、基本的には一種の時評欄担当者だったといえる（『今の時代についての道徳的研究』一八六九年）。

カロの後任となった**ポール・ジャネ**（一八二三～九九年）にはもっと哲学的な重みがある。ジャネは形而上学、道徳、政治学、哲学史についてかなりの数の著作を残し、同時代の思想潮流に非常に注意深く目を配りながらエクレクティスムを継承延長した。とはいえ、そうしたエクレクティスムは〈妥協〉でもあった。ジャネは唯物論と実証主義に対抗するためにしばしばカントを参照したが、しかしジャネはクザン以上に批判哲学の射程を縮減することに打ち込んで、内感の心理学に存在論的価値を再び与え、合目的性に客観的・形而上学的意味を認めようとした（『目的因』一八七七年）。道徳法則とは、自然からは生じえないなにかであり、「別の世界からの伝達者」である。ジャネにとって、宗教とは、その最も高次な部分においては、「感情の形而上学」である、とみなされうる。同様に、形而上学は「理性の宗教」と呼ぶことができるのだ（『形而上学と道徳の諸原理』一八七七年）。

Ⅳ　《新《ネオ》‐批判哲学《クリティシスム》》

シャルル・ルヌヴィエ（一八一五〜一九〇三年）が最初の著作『近代哲学の手引き』（一八四二年）から最後の著作『人格主義』（一九〇二年）までのあいだに出版した諸々の著作の位置づけは、なかなか難しい。彼の影響は十九世紀末にまでわたって続く。ルヌヴィエは他に所属メンバーのいないひとつの学派のリーダーだったようなものだ。注釈者たちはルヌヴィエ哲学自体を二つあるいは三つの哲学に区分している。彼によく貼られる《新‐批判哲学》というレッテルは彼のカントへの関係をあまりうまく表わしていない。ルヌヴィエはさまざまな哲学を分類する作業にかなり没頭したが（『哲学の諸学説の体系的分類試論』一八八五年）、そこで扱われている原資料が多様・複雑すぎるために、ルヌヴィエ思想に統一性があるのかどうか、疑問符がつけられるほどである。

理工科学校《エコール・ポリテクニク》の学生であったルヌヴィエはそこでジュール・ルキエと出会い、オーギュスト・コントを知る。多くの同級生と同様に彼もまたサン＝シモン主義に惹きつけられ、民衆を教育するために企画されたジャン・レイノーの『世界百科事典』に寄稿した（「哲学」と「汎神論」の項目）。彼は一種のモナドロジー的な体系に魅了されていたように思われる。若きルヌヴィエの『人間と市民の共和主義の手引き』（一八四八年）は政治的に激しく物議を醸した。その理由は、同書がデモクラシー支持にとどまらず、社会主義にも好意的だったからだ。新‐批判哲学が構築されてゆくのは一八五一年からである（『一般批判

試論 *Essais de critique génerale*』全三巻、一八五四〜六四年）。

新‐批判哲学はそれぞれ独立しているように見える三つのテーゼを主張する。まず、コントとカントから影響を受けた〈現象主義〉というもの。ただし「物自体」という概念がまったく拒絶される現象一元論だ。次に、ただ有限な集合だけが実在するという〈有限主義〉。三つめは個人的《ペルソネル》自由の理論で、それは自然的ないし歴史的な宿命論ないし決定論のようなものへ個人を吸収させることにたいする拒否である。この三つめの〈反‐決定論〉が最も本質的で、他の二つもそこから出てきているのだろう。

ルヌヴィエは、『自由の哲学』（全二巻、一八四八〜四九年）の著者**シャルル・スクレタン**（一八一五〜九五年）と長く文通を続けた。ローザンヌ・アカデミー〔現在のローザンヌ大学〕の教授であったスクレタンはスイスにおける宗教思想のリバイバルに重要な役割を果たした。彼は創造の偶然性と神の自由を強調した。スクレタンによれば、神は自分がそうありたいものでのみある。つまり「自分自身にたいして自由」である。人間はといえば、神から独立して自分自身を形成する力能を持っており、この力能が人間の堕罪の原因である。「神は自分自身を作り出すもの〔人間〕を作り出したということ、われわれはこれを理解せねばならないだろう。」スクレタンは「キリスト教的理性」が人間の自由と道徳規則の原理に正当な根拠を与えるべきだと考える。たしかに自然的理性は、それ自身では歴史哲学の中心に位置するキリスト教を理解することができない。しかし、「〔イエス・キリストの〕出来事のあと」、キリスト教信仰そのものの力によって、キリスト教的理性はキリスト教を理解できるはずだというわけである。

ジュール・ルキエ（一八一四〜六二年）の人格については、友人であったルヌヴィエの証言があるにはあるが、謎めいたままだ。医者の息子であり理工科学校の学生であったルキエは、挫折から挫折へ、失望から失望へというみじめな人生を送った。彼には精神の神秘的な高揚を体験する時があった一方で、同時に精神錯乱になる時もあった。彼は一八五一年にブランシュ医師の診療所に収容された。彼が海を泳いで沖へ向かい、帰って来なかったとき、彼は自殺しようとしたのだろうか、あるいは神の恩寵を感得したのだろうか。彼の哲学的探求は未完成にとどまったが、いや、そもそも完成しえない方向性を有していたのかもしれない。

ルキエの諸々のテクストはルヌヴィエによって『第一真理の探究』(一八六五年)というタイトルでまとめられた。この探求はもっぱら人間の自由をめぐってのものだ。自由と決定論、自由と神の前知《プレシアンス》、そして眩暈するまでに押し進められたそのジレンマ、それが問題となる。ルキエによれば、自由が立てられうるのは自由な信念《クロワイアンス》、哲学的な信《フォア》によってのみであり、そうした信によって自由が行動のための最初の真理となり認識の基礎となる。自由は演繹も論証もされない。そうではなく、自由な行為についての反省を遂行するなかで自由はつかまえられ、発見されるのだ。「学知の定式。すなわち、なすこと、成るのではなくなすこと、なすことで自分をなすこと。」しかしながら、「人間が自由によって自分の行為の作者となるのは自分の自由によってではない」。ルキエは人間の自由の典型を神の自由に見て取る。〈三位一体〉についての諸断片は、自由意志を認めることとカトリックの教義とが一致するはずの道をルキエが探求し続けたことを示している。[1]

(1) 巻末参考文献【16】。

『一般批判試論』第一巻の序文の最初のほうで、ルヌヴィエもまた次のようにいう。「彼方になにかを求めること、しっかりと自信を持って知っていると今いえないしおそらくこれからもけっしていえないところで、全力で信じようとすること。このことは、人間の本性に属している。」ルヌヴィエは自分はカントをこのようにして引き継いでいると主張するが、しかしその際、カント批判哲学のなかに存続している形而上学的なさまざまな偶像は拒むとする。こうして《新》という接頭辞のついた《批判哲学》が説明され正当化される。「物自体を拒み、実体を拒むことで、われわれはまた純粋な一者なるもの、絶対者なるもの、単純なるものをも拒んだのである」（『一般批判試論』第一巻）。

つねに相関的《ルラティフ》でつねに複合的な現象以外に、実在的なものなどない。この有限主義による批判を前に、無限という偶像はどれも消え去る。あらゆるものの根拠として、定義不可能な自体存在なるものを考えることはもはやできない。そんなものは、すべての相関関係の消失でしかないではないか。「個人は持続可能な存在をけっして持たないと主張すること、人格とは不変の法のようなものではなく移ろいゆく仮象でしかないと主張すること、誰それという人間は自然のなかにのみこまれる、人類も自然にのみこまれ蕩尽されると主張すること、あるいは、この現在のはかない人類で世界の展開のピークは過ぎると主張すること、こうしたことを意図して主張することは、もはやできない。」

絶対者についてのさまざまな空想=合成獣《キメラ》に対抗しようとする際、ルヌヴィエは唯物論や汎神論の原理に訴えることを排除するのと同様にスピリチュアリスムの原理に訴えることも排除して、真正な有神論に比肩しうるような、批判的で〔科〕学的な真の無神論なるものを提示しようとする。ゆえに彼はこう述べる。「あらゆる実定宗教とは無縁な人間が神というものを信じること、それは経験を包摂し支配する実在的な道徳的秩序を想定することである。つまり、善を主張することである。(1)」

（1）巻末参考文献【15】。

さまざまな形而上学の体系をもっぱら論理的に分類することが可能なのは、実践理性がそこで問題となっている場合のみである。晩年の『人格主義《ペルソナリスム》』（一九〇三年）においては、実践理性の原理と道徳的諸動機の原理とが、自由とともに彼の人格主義哲学のテーゼとして提示される。もっともそうした原理や動機はこれまでさまざまな哲学にいつも密かに伴ってきたのだとルヌヴィエは指摘する。だからこそ、「有限主義は、絶対的決定論の否定を意味し、自由意志や偶有性と調和する。」自由は実践的な原理であるだけでなく、理論的な原理でもある。『純粋形而上学のジレンマ』（一九〇一年）は以下のような主張で閉じられている。「自由とは自分自身を肯定する原理であり、それゆえ自分について根本的に決定する原理、科学が把握できない諸原理の真偽について判断を下す原理である。この観点からするならば、ジュール・ルキエが『第一真理の探究』の断片のなかでいったように――彼はそれをいった最初の人間だ――自由が現実にあらわになるのは、認識の原理としてである。」

V 《ヘーゲル主義者たち》

必然性や無限や絶対者への拒否。これは新‐批判哲学においてはラディカルな反ヘーゲル主義というかたちをとった。ルヌヴィエの歴史哲学は偶然性と諸個人や諸集団の自由な行為との上に基礎づけられている。ルヌヴィエは汎神論と宿命論にたいする批判を再びけしかけた。

こうした批判は十九世紀の初め以来、ヘーゲル主義にたいする批判を意味した。ヘーゲルは新しいスピノザとして悪しき合理主義を十九世紀に体現している、と。ヴィクトル・クザンもヘーゲル主義に陥っているのではないかと非難されていた——クザン自身はヘーゲル主義から身をまもっているつもりだったのだが。一八五八年の人文科学アカデミーのある会議では、ミニェがヘーゲル哲学をこう提示している。「ヘーゲル哲学は存在の無から出発し、生成の無を通り、死の無に到達する。宿命的な仕方で、動機なき進歩、目的なき存在を経てゆきながら。」疑似‐ヘーゲル的なプルードンの言葉づかいが読者を不安にさせもしたのはたしかである。一八五九年以降ヘーゲルの諸著作がイタリア人のA・ヴェラによって翻訳され始めはしたが（ちなみに翻訳レヴェルはいまいち）、人びとはまだ『精神現象学』（一八〇七年）や『論理学』（一八一二〜一六年）、『法哲学』（一八二一年）といったヘーゲルの主著を仏訳で読むことはできなかった。カント的な批判哲学は非常によく知られており十九世紀後半においてはいつも参照されていたのに、新ヘーゲル学派はフランスには見られない。現在私たちがもしヴァシュロやテーヌやルナンのような哲学者を「ヘーゲル主義者」とみなそうとすれば、かなり無理が感じられるだろう。だが、そう、当時彼らは「ヘーゲル主義者」として通っていたのだ。

　ソルボンヌの道徳神学の教授であったオーギュスト・グラトリーは一八六四年に『詭弁家たちと批判』を出版した。そこで彼はとりわけヴァシュロとルナンを標的にして、「ヘーゲルはこんにちのフランスの詭弁家《ソフィスト》たちの父だ」と攻撃した。「詭弁家たち」は矛盾律という理性の根本公理を破壊しており、彼らの批判は超自然的なものを否定するものであり、そして彼らは〈生ける神〉を神の観念へと還元してしまうように思われるから、というのがその理由だった。

オーギュスト・グラトリー（一八〇九〜九七年）はもともとは理工科学校の学生であったが、回心してストラスブールのボーテン神父のもとで神学を学んだ。高等師範学校の施設付き司祭に任命されたグラトリーは当時学校長であったヴァシュロにたいして論争をしかけて、たがいに解任しあう事態となった（一八五一年）。五二年、グラトリーはオラトリオ修道会の再建を手掛ける。またソルボンヌの道徳神学の教授として彼は、微積分学とのアナロジーによって刷新された〈神の存在証明〉を提示し、また人間の自由の代わりに進歩という概念を導入して進歩の哲学というものを提示することで、ヘーゲルの弁証法に対抗しようとした（『道徳と歴史法則』一八六五年）。

エティエンヌ・ヴァシュロ（一八〇九〜九七年）は一八三九年からソルボンヌでヴィクトル・クザンの後任者となった。著書『アレクサンドリア学派の批判史』（全三巻、一八四六〜五一年）の第三巻はクザン的な仕方でという以上に非常にヘーゲル的な仕方で構想されていて、キリスト教の教義を新プラトン主義の発展だとみなしている。『形而上学と科学』（全二巻、一八五八年）においてはシェリングとヘーゲルがはっきりと参照されている。

グラトリーがとりわけ非難したのは悟性と理性との区別（この区別はヘーゲル的である以前にカントの区別であるが）にたいしてで、そのような区別はばかげているとした。だがヴァシュロは悟性と理性のこの区別に二種類の神を対応させる。すなわち、汎神論の神である内在的な神というものと、世界から無限に隔たった高みにいる理想的な神というものである。「完全性と現実性とは矛盾の関係にある。完全性は思惟のうちでしか存在せず、現実存在しえないからだ。完全性は本質からして、純粋に理想的《イデアール》である。」ヴァシュロの形而上学は、ルヌヴィエの場合と同様に、道徳的世界観によって正当化される。

エルネスト・ルナン（一八二三〜九二年）もまた二種類の神を区別する。しかし二つは対立しない。すなわち、「存在全体」である神というものと、「同時に絶対的存在」である神というものである。では「神は、存在する(est)というよりもむしろ、存在するだろう(sera)ものである。神は in fieri すなわち成る途上にある。」しかるに神はまた「理想の場所、善、美、真の生ける原理」でもある。「存在全体」の同義語としては、形而上学はどうなるか。「われわれは永遠なるものについての諸学があることを否定しはしない。だが、そうした諸学はきっぱりとあらゆる現実性の外部に置こう。」あらゆる現実性は生成のうちにあるからだというのがその理由である。これらの表現はマルスラン・ベルトロに宛てた自然科学と歴史学についての手紙(一八六三年八月付)のなかに見られるのだが、その手紙でルナンはこう問うていた。「『知は力なり』というベーコンの名言のとおり、無限の学知が無限の力を運んでこないと、一体誰にわかるのか。」

ルナンは一八四八年に『科学の未来』を執筆した(ただし出版は一八九〇年になるまでされなかった)。このテクストはしばしば科学主義の一種のマニフェストとして解釈されている。この著書でルナンが、人類の物質的欲求も精神的欲求も同時に満たしうる科学宗教というものさえ創始しようとしているからである。だがそうした解釈はタイトルに含まれた「未来」という語の重要性を看過しているし、この著作の展開において歴史学と文献学が唯一のとまではいわないまでも主要な重要性を有していることも忘れてしまっている。したがってルナンのヘーゲル主義は非常に部分的間接的なものである。ヘーゲル的「精神の学」と歴史学的批判との両方を経ること。そうして、精神は人類の歴史のなかで徐々にみずからを開示していく。「われわれが形成に貢献する世界のなかに、いずれわれわれは復活するだろう……。父なる神への信仰がいずれ正当化されるだろう。」そしてその同じ手紙のなかにはこうも書かれていた。「もしまさにそのことをヘーゲルがいわんとしたのであれば、われわれはヘーゲル主義者になろう。」ただしこの復活は、弁証法的である以上にはるかに実証主義的な科学のなせる業《わざ》であろう。[1]

（1） 巻末参考文献【17】。

イポリット・テーヌ（一八二八〜九五年）はルナンよりももっと実証主義寄りの人物だ。なので、彼がヘーゲル主義者とみなされることがあったということに読者は驚くかもしれない。テーヌ自身は『イギリス文学史』（全四巻一八六三〜六四年）のなかにこう書いている。「一七八〇年から一八三〇年にかけて、ドイツはわれわれの歴史的時代についてのあらゆる考え方を生み出した。以後半世紀、いやおそらく以後一世紀のあいだ、それらの考え方を再考することがわれわれの大きな関心事となるだろう。」テーヌは高等師範学校ではヴァシュロとセッセの学生であった。彼らはテーヌにスピノザとヘーゲルを教えた。テーヌはヘーゲルに熱中し、『十九世紀フランスの哲学者たち』（一八五七年）でこう書いた。「ヘーゲルはアリストテレスによって冪《べき》を高められたスピノザだ。彼は近代の経験が三〇〇〇年前から構築してきた諸科学のピラミッドの頂点にいる。」まちがいなくテーヌは十九世紀後半のフランスの思想家のなかで、最もカントから遠い人物だろう。[1]

（1） 巻末参考文献【18】。

ところで今引用した著作はヴィクトル・クザンとその学派にたいする誹謗《ひぼう》冊子である。テーヌの個人的な諸事情が少なからずあるだけに、この冊子は相当激しい調子をしている。どんな事情か。テーヌは哲学の教授資格試験に不合格となり、感覚についての彼の学位論文の準備も挫折せざるをえなかった。

その原因は審査をした教授陣、つまりクザンの弟子たちのせいだとテーヌは思った。

テーヌがたびたびヘーゲルについて取り上げた点と、エクレクティスムの創設者クザン自身が一八二九年以来ヘーゲルについて繰り返し論じてきた点とが同じものであっただけに、クザンにたいする彼の敵意は非常に目立っている。二人とも歴史的決定論や宿命論を論じているのだが、テーヌの宿命論はしばしば非難された。クザンが「一つの文明、一つの民族《プープル》、一つの世紀は一つの規定〔定義〕をもつ。文明、民族、世紀の性格と性質のすべてはその一つの規定の結果であり展開にすぎない」(『一八二九年講義』)と書いて、宿命論だと非難されたのと同様であった。テーヌの有名な主要機能の理論は、クザンが「一つの民族の観念」を取り出そうとする仕方を、時には同じ言葉づかいで、そっくり再生産している。ヘーゲルが共通のソースということなのか。あるいはクザンがヘーゲルをテーヌへと媒介してあげたのか?

「主要精神状態」は環境、時代、人種の理論によって説明される。テーヌの「環境」という概念、すなわち「延長された諸状況と包囲する諸情勢」がコントの『実証哲学講義』の第四五講に由来しているのはたしかである。ヘーゲルとモンテスキューに続いて、クザンもまた歴史の地理的条件を強調した。時代という概念はある民族の発展段階を表わしており、すでにヘーゲルにおいてそうだったように、その発展段階は植物の発展段階に比せられる。「〈次に来るもの〉は、自分の条件として〈先行するもの〉をつねにもっていて、その〈先行するもの〉の死から生じる。」

テーヌがヘーゲルとクザンの形而上学から自分を決定的な仕方で区別するのは、「人種」という概念によってである。また生理学がすでに獲得している実証性を自身の歴史哲学に与えようとするのもこの

「人種」という概念によってだ。一見すると彼の人種という概念には混乱があるように見える。というのも、そこでは生理学的な諸規定や言語にかんする諸規定、そして国にかんする諸規定が全部一括されているからだ。しかし、ゴビノー（テーヌはゴビノーの著作を評価していた）とまったく同様に、テーヌはラテン人種やセム人種というふうに特定言語と人種との対応を認めている。また、テーヌは彼のあらゆる同時代人たちと同様に、後天的な性質が遺伝するものであり、それによって「国民人種」の形成が説明できると信じていた。しかし、やはり、人種とはなによりもまず自然的〔生物学的〕なものである。「さまざまな人間が自然に存在するのは、さまざまな雄牛や馬が自然に存在するのと同様である」（『イギリス文学史』「序論」）。科学の実証性のために形而上学的な考えを捨て去ることは、人種という幻想によって可能になるとテーヌは信じていたと思われる。

ところが、テーヌは実証主義に賛同していたわけではない。実証主義にたいしては「科学を台無しにする」と非難を向ける。なぜなら、実証主義は諸法則の発見で満足して原因へと遡及することを拒絶するからだ。エクレクティスム的スピリチュアリスムへの容赦のない敵対者であったテーヌがつながっているのは、むしろ十八世紀の新スピノザ主義的な唯物論のほうである。『知性論』（一八七〇年）という全二巻の大著は公然とコンディヤック的だ。この大著は、生理学やとりわけ精神病理学の進歩を利用できるようになった、イデオロジーの遅咲きの傑作だとみなすことができる。

テーヌは分析的方法によって複合体を諸要素へと分離分解して観察し、それから、認識を構成する最終的な単純諸要素から出発して再び最も複雑な諸現象へと上昇する。自我のうちにある実効的なものとは一つの連鎖でしかなく、諸出来事や継起的諸状態、諸感覚、諸イマージュ、諸観念からなる網目にすぎない。他のイデオローグたちにとってと同様にテーヌにとっても認識理論を構成するのは心理学であり、心理学が批判哲学にとってかわる（カント主義にたいする深い拒否はそこに由来している）。クザンにとって自発性とはまずは理性の自発性であった。逆に、テーヌにとっては自発性とはまずは幻覚である。錯覚《イリュジオン》〔仮象〕に優位が置かれるのである。「われわれが認識と呼んでいる諸作用を生み出すために自然はおもに二つの方法をもちいている。一つはわれわれのうちに諸錯覚を作り出すものであり、もう一つはその諸錯覚を修正するものである」（『知性論』第二巻）。「外的知覚は真なる幻覚である」や「自我とは諸イマージュのポリプ母体である」という表現は今なお有名だ。

この時テーヌはヘーゲルから可能な限り遠い場所にいる。というのも、普遍的な精神、絶対精神が解釈される際、心理学の用語や精神病理学の用語までもが利用されているからだ。「人類がつねに狂人であるわけではないのは奇跡だ」（『現代フランスの起源』全六巻一八七五〜九四年）。「健康と理性は幸福な偶有性である」（『イタリア紀行』一八六六年）。テーヌはフランス革命は集団的な精神病だと記述した。だからテーヌはジャコバン派を「冷酷で狂暴な単一狂《モノマニー》」だとする。彼は碩学の歴史家、卓越した作家としての威信をかけて、メーストルが悪魔憑きと記述したものを病理学の用語に翻訳した。彼はメーストルと同様に、しかし科学の名においてというまったく異なる理由から、哲学的合理論＝理性主義を拒絶した。彼がヘーゲル主義者だったのか否かについてはここでは置いておこう。

十九世紀の歴史悲観主義、デモクラシーの恐怖はパリ・コミューン以後にはじめて際立たせられた。広く膾炙した単純な見方とは反対に、スピリチュアリスムにたいする科学主義的批判が進歩についての社会哲学をもたらしたのではない。**アルチュール・ド・ゴビノー**（一八一六〜八二年）は醒めた外交官であり、偉大な小説家でもあったが（『プレイヤード』、『アジア短編集』）、一八五五年に『人種不平等論』を出版した。この著作にたいする反響は当初ほとんどなかったが、テーヌとルナンがこれに影響された可能性は高い。

ゴビノーはアレクシス・ド・トクヴィルの協力者であり友人であったが、トクヴィルと同様に、平等主義的なデモクラシーは不可避だと感じていた。だが、彼はそうしたデモクラシーの到来を人種によって説明できたと確信していた。あまりにも有名なタイトルのこの本をひもとくならば、ヨーロッパの諸人種は混血によって取り返しのつかないほど退廃してしまったということについて碩学を偽装した記述が延々と続くのを目にするだろう。諸文明の死というこの理論のなかにあるのは政治的な主張ではなく、例外的な個人たちというものへの貴族的なノスタルジーだ（『ルネサンス』一八七七年）。

ゴビノーほどに悲観主義的ではなかったルナンは、ルイ＝ナポレオン的な《国民投票による帝政》なるものを分析して、こう結論づけた。すなわち、〈精神の自由〉と〈人民意志〉とは両立不可能であった、と。ルナンの『イエスの生涯』（一八六三年）はたいへんなスキャンダルを惹き起こしたが——ただしこの著作は宗教的精神にたいして敬意を表するものであった——その後の彼は、イロニーによって世界から超然と離脱することによる懐疑主義を強調するようになる（『哲学的対話』）。ルナンもまた、偉大な個性的人物たちこそを頼りになるものとする。そしてデモクラシーと「ブルジョワ的唯物論」とを等しく危惧する。彼もまた、ヨーロッパ人種の優越性を信じていた。主人たる人種、戦士の人種であるのみならず、また学者の人種、哲学者の人種でもあるそれを。しかし他方でルナンは「国民《ナシオン》〔国民国家〕」とは相互的同意にもとづいた「精神的原理」であると考える。ゆえに彼は「国民」を、たんなる人種共同体とみなすことは拒んだのであった（『国民とはなにか』一八八二年）。

ルナンは、《自由帝政》には最終的に賛同の姿勢を示していた（『フランスの立憲君主制』一八六九年）。だがその後、パリ・コミューンの一時的成立と崩壊という流血のドラマがあった〔史上初の極左政体の成立と通例みなされる〕。こうした経緯をへた結果、反デモクラシー論者であったルナンも、第三共和政初期の一八七二年に出版した著書『フランスの知的道徳的改革』のなかでは、相対的にリベラルな中道政体を推奨するにいたったのであった。もちろん、普通選挙にたいする不信感・警戒感は変わらなかった。推奨される中道政体は、あくまでエリート層のみが支配するような政体であった。

現実には、定着した政体は《共和政《レピュブリク》》であった。しかもこの第三共和政は、ほどなく「共和派」によって主導され、さらに続いて、共和派のなかでも最も左寄りの「急進的」な者たちによって統治されることとなったのだった。この展開を突き動かしていたのは、ブーランジスム〔軍主導によるクーデターへの期待感が一時沸騰した〕、ドレフュス事件、政教分離《ライシテ》にかかわる法の制定〔ルナンはこの政教分離を予見していた〕といった、急激な時局の変化だ。ひるがえって、こうした危機的な状況の代償として、ドイツを範型にした大学と科学の発展というルナンのもうひとつの望みは、まさにほとんどが現実化された。一八九六年の法が、大革命期の一七九二年に廃止された〈大学《ユニヴェルシテ》〉を、完全な形でフランスに再建させた。そう、いまではあまりお気づきの方もいないことなのだが、フランスにはじつは一世紀以上にわたって〈大学〉がなかった時代があったのだ（ナポレオン・ボナパルトが創設した《帝国教育機関《ユニヴェルシテ》》は、紛らわしいが、中央集権化された行政機構の名前でしかなかったのだった）。その結果、この十九世紀の末において、なんらか重要性を有している哲学者たちはみな、以前の世代における在野の思想家たちではもはやなくなってくる。彼らは大学の教授職を務めているか、あるいはしばしば高校《リセ》教員なのである。

I 実証主義の確実性と不確実性――生物学・進化論・科学主義

テーヌ（一八二八〜九三年）の仕事は、直接間接に、世紀転換期の全体に影響を及ぼした。哲学的心理学や科学的心理学、歴史学、芸術史、文芸批評といった分野だけではない。文学作品の実作までにも影響を与えていたのだ。つまりは、〈自然主義《ナチュラリスム》〉はつねにテーヌを引き合いに出して自己主張していたということなのだ。〈自然主義〉の代表的作家**エミール・ゾラ**（一八四〇〜一九〇二年）はテーヌの死に際して、以後テーヌにならって人間をあるがままに研究すべきだ、と主張した。「形而上学的な操り人形」をこしらえるのはもういい。社会環境《ミリユー》によって規定されていて、「内臓器官の戯《たわむ》れに支配されて」行動する、肉体ある人間というものを研究しようではないか、と。小説家**アナトール・フランス**（一八四四〜一九二四年）はテーヌに次のようなオマージュを捧げている。「テーヌがわれわれにもたらしたもの、それは方法と観察であった。事実と観念、哲学と歴史であった。彼がわれわれから取り除いてくれたもの、それは、学校で習う不愉快なスピリチュアリスム、忌まわしいクザンだった……。」とすると十九世紀末における思想的対立の構図は、こういうことになる。一方の側には、アナトール・フランスいうところの「偽善的な哲学」〔スピリチュアリスム〕がある。そして他方の側には、「科学的批判の延長として解された哲学」〔自然主義、実証主義〕が立っている。

E・ゾラは彼の同時代人たちと同様に、実証主義について語っている。ただし「実証主義」という語は、諸々の事実の科学的説明へと訴えること、そしてとりわけ生理学的な決定論を主張すること以外のことはもはやほとんど含意していない。形而上学的ないし宗教的次元の議論を引き起こしてきた「唯物論《マテリアリスム》」という用語と違って、この「実証主義」という語にはそうした議論すべてをはじめから遠ざけておくことができる利点がある。

マルクス主義だけが、唯物論の充分に整った体系化を提示したのかもしれない。しかしながら、フランスではマルクス主義はほとんど哲学的役割を持たなかった。たとえば社会主義者**ジャン・ジョレス**(一八五九〜一九一四年)は『感覚世界の現実性について』(一八八九年)という哲学の学位論文を書いたが、これをマルクス主義思想の書物に数えいれるのは無理だろう。

唯物論の本当の問題は、物質《マチエール》の問題ではない。物質についての理論は科学の進歩に同伴して変わっていく。そうではなく、唯物論の本当の問題とは、まさに《精神》の問題、精神を生理学的条件へと還元することの問題である。コントの定式によれば、唯物論とは低次のもの〔物質〕による高次のもの〔精神〕の説明、なのだった。ところでフランスでは医学的な唯物論の伝統があり、その源流として**フランソワ・ブルセ**(『刺激について』一八二八年)がいる。カバニス思想についてのブルセの唯物論的な解釈も源泉になった。他の重要な源泉はといえば、ドイツの唯物論、とりわけビュヒナー（一八二四〜九九年）の唯物論が挙げられる。ビュヒナーの『力と物質 *Kraft und Stoff*』（一八五六年）は出版後ただちに仏訳され、注釈されていた（《物質なしに力はなし、力なしに物質なし》）。

ともあれ、唯物論に多かれ少なかれ近い位置にある実証主義にとっての、十九世紀後半での最も重大な刷新、それは、進化についての生物学的理論の飛躍的大発展であった。この大発展はダーウィンだけに依拠しているわけではない。ダーウィンの『種の起源』（一八五九年）は一八六二年に仏訳されているが、くわえて、**ラマルク**（一七四四〜一八二九年）の生物変移説《トランスフォルミスム》の再評価も発展に貢献した。ラマルクの影響はつねに一定にあったのだ。進化という概念そのものもダーウィンがハーバート・スペンサー（一八二〇〜一九〇三年）から借用したものだ。スペンサーの『第一原理』は一八六二年の発表。スペンサー自身は不可知論者であろうとしたのだが、進化という考えそのものは急速に、創造についての聖書の物語に反対するための科学的に決定的な論とみなされ、広まっていった。

生物学者**フェリックス・ル・ダンテック**（一八六九〜一九一七年）は自分自身は「科学者」であると名乗っていたが（『形而上学反駁』一九一二年）、彼の大量の著作は、さまざまな社会問題にも適用可能なように一般化された、新ラマルク主義の一例となっている（『社会の唯一の基盤としてのエゴイズム』一九一一年）。ドイツの動物学者**E・H・**ヘッケル（一八三四〜一九一九年）の『自然法則による生物創造史』（一八六八年）は八か国語に翻訳され、ヨーロッパ全土にダーウィンの進化論を流布させた。ヘッケルの記念碑的著作は十九世紀の終わりまでのあいだに、宗教にたいしてきわめて敵対的な「科学的」哲学というものを展開させた。この「科学的哲学」は多くの点で十八世紀の新スピノザ主義的唯物論との連続性を有した「一元論」である。テーヌはこの「一元論」にくみしていたように思われる。一八五六年以来テーヌは自然の創造的な力を称揚するようになっていた。

しかしながら、実証主義という立場の含意は、大文字の〈科学〉が形而上学と宗教にたいして放った否定だけではない。実証主義は、科学的認識は相対的なものだということもまた、含意している。ただしこの相対性は進歩の継続による歴史的な相対性であるだけでなく、構造的なものでもある。なぜなら客観性はつねに主観的諸条件を有しているからだ。この面で、実証主義は究極的原因を探求する仕事を唯物論にゆずり渡し、自分たちは批判哲学に合流することになる。ちなみにここでいう批判哲学が新-批判主義なのか新カント主義なのかといった細かい区別はこの時期にはほとんど重要でなくなっている。こうした実証主義・批判哲学の新展開から、多くの学術雑誌・著作・論文が公刊され、科学的認識の限界やその科学的認識において作動している精神の活動性が論じられるようになった。

アンリ・ポアンカレ（一八五四～一九一二年）は彼の時代の最も偉大な数学者の一人だ。ポアンカレは、事物の本性は「人間存在にとっては」アクセス不可能ななにものかであるとした。「唯一の客観的な実在性、それは事物間の関係である。この関係から普遍的調和が帰結してくる。なるほどこの関係、この調和は、それを概念把握したり感覚したりする精神の外部では存在するすべをもたないだろう。しかし、こうした関係や調和はそれでもやはり客観的である。なぜなら、それらはすべての人間にとって共通であり、共通になりえ、共通であり続けるだろうからである」（『科学の価値』一九〇六年）。

ルイ・リアール（一八四六～一九一七年）は、一八八五年から文部省の高等教育局長として、ついで一九〇二年からはパリ大学区長として、大学制度の革新に重要な役割を果たした。著書『実証科学と形而上学』(一八七九年)のなかでリアールはカントに依拠しながら、コントの実証主義の批判性は不充分であると判断し、またスチュアート・ミルの経験論とスペンサーの進化論をしりぞけた。ルヌヴィエに続くかたちで、リアールはカントから大きな影響を受けたのだった。アプリオリなもののなしには、いかなる経験も認識も成立しえない。ところで、形而上学が避けることのできない対象である《絶対者》は、あらゆる科学的認識にとってアクセス不可能である。しかるに、思惟の法則が科学を基礎づけたように、道徳法則は道徳形而上学を基礎づける。その道徳形而上学は、スピリチュアリスム以外のものではありえない。「意識《コンシアンス》=良心の権威は、科学の権威にまさる。」

II 〈反省哲学〉——フランス現代哲学の黎明

フランスにおける哲学的反省は、さまざまな側面で、カント批判哲学を援用することをやめなかった。まさにカント批判哲学が、あるいはそれの再解釈が、スピリチュアリスム哲学の刷新ということを要求した。新たに再解釈されたカント哲学によるスピリチュアリスムの革新が行なわれ、ここに〈フランス反省哲学 philosophie réflexive〉が誕生する(1)。

(1) 哲学史的観点からは〈フランス反省哲学〉の潮流には通例狭義には、ラシュリエ、ラニョー、ブランシュヴィック、ナベール(一八八一〜一九六〇年)、リクール(一九一三〜二〇〇五年)などが属するとみなされている〔訳注〕。

〈フランス反省哲学〉の誕生にかんしてはまた、ラヴェッソンが一八六七年に公刊した『十九世紀フランス哲学についての報告』がになった役割も強調しておく必要がある〔後述するように、ラヴェッソン思想自体は〈反省哲学〉よりも〈生の哲学〉のほうにより直接につながっていくのだが〕。ラヴェッソンは行政職の道を選び教職に就かなかったので、七月王政期も第二帝政期も〈全国教育機関〉には属さなかった。そうした独立した立場の彼が著した『報告』の記述が橋渡しとなって、メーヌ・ド・ビランの思想がラシュリエやベルクソンの思想に〔クザン派のビラン解釈に拘束されることなく〕ダイレクトにつながることが可能となったように思われるのである。

ジュール・ラシュリエ（一八三二〜一九一八年）はフォンテーヌブローの出身。〈フランス反省哲学〉の開始者と目される彼は、哲学の教員としての範例的なキャリアを生きた。高等師範学校《エコール・ノルマル》を修了し、哲学の教授資格を得て(1)、国家博士号を取得〔『帰納の基礎』一八七一年〕。高等師範学校で教えたのち、視学官となる。最後には哲学の教授資格《アグレガシオン》試験の審査委員長を務めた（ただ大学での教授職には就いていない）。

(1) 現実には、政治状況の激変がラシュリエの哲学教授資格取得を妨げた。師範学校在学中に第二帝政が成立し、《権威帝政》が哲学を自由思想の温床として敵視し、哲学の教授資格試験を廃止したため〔先の一二七頁も参照のこと〕、ラシュリエが資格を得ることは不可能となった。やむなく名目上文学教授資格を代わりに取得して教職につくことになった。哲学の教授資格試験が復活するのは一〇年以上のちの《自由帝政》期になってからである。そうして一八六三年にようやくラシュリエは哲学教授資格を取得するにいたった〔訳注〕。

このラシュリエという人物は、第三共和政時代、哲学思想におけるかなりの権威であった。彼は自分のカトリシスムを隠さなかったし、政治では保守的であることも隠さなかったのであったが、そして彼の著作の数はすこぶる控えめな少ない数しかなかったのであったが、それらに関係なく、彼は権威ある偉大な哲学者であった。ラシュリエの全著作を集めたものは薄い巻二冊にしかならない。そのなかに博士論文『帰納の基礎』と、いくつかの偉大な論文（とりわけ『心理学と形而上学』一八八五年）、そして《フランス哲学会》の質疑応答記録から抜粋されたいくらかの発言が収録されている。[1]

（1）巻末参考文献【19】。

エクレクティスムはスピリチュアリスムを基礎づけることはできなかった。というのも、エクレクティスムは心理学的事実をたんに観察するという方法をとったからだ。エクレクティスムは真の意味で批判哲学的だとはいえなかったので、懐疑論や経験論、唯物論から身を守れなかった。もっとも、この危機は予測できた。ラシュリエはいう、「クザン氏が十八世紀から借り受けていた方法〔心理学的観察〕は、おそらくは理の当然として、最終的に十八世紀哲学へと再び舞い戻ることになってしまったのだ」（『心理学と形而上学』）。この点で、テーヌの批判が正しかったと認めないわけにはいくまい？　たしかに。

とはいえクザンが正当に見て取っていたように、問題はまさに、心理学と形而上学の関係の問題である。しかし、もし精神・理性・自由といったものが合成獣《キメラ》＝空想にすぎないのでないならば、それらをとらえるためには、事実の観察・分析とは別なる方法がもちいられねばならない。すなわち、「自己自身へと折れ曲がる＝反省する思惟の運動」を追跡すべきなのだ。かくして、「あらゆる真理とあらゆる現実存在の最後の拠り所、それは、精神の絶対的な自発性である。」このことが、認められなければならない（『心理学と形而上学』）。《反省《レフレクシオン》》とはしたがって、科学的分析がしばしばそうであるのとは異なり、反省の対象にとって外的なる方法なのではない。自身の本性と、自身があらゆる現象とのあいだに保っている関係とを同時に把握する思惟そのもの、これが《反省》である。

ラシュリエはこの反省という漸進的な総合《サンテーズ》のことを、「生ける弁証法 dialectique vivante」と呼ぶ。思惟はこの弁証法において、実体〔静的な〕としてではなく、作用《アクト》〔動的な〕としてみずからを発見する。つまり、カントが『純粋理性批判』で指摘したように、あらゆる判断に伴っている作用たる「私は考える」として発見されるのだ。「純粋な思惟とは、自身を産出する思惟である。われわれはこの思惟の真の本性にしたがうことでこの思惟を認識することができるが、この認識が可能となるのは、ただアプリオリな構成あるいは総合という手続きによって思惟を再産出することによってのみなのだ」〔同書〕。このようにして、ラシュリエは意識から精神へと、心理学から形而上学へと移行する。そして彼は結論づけることができた。「自然は精神を孕《はら》んでいる」と。あるいはよりはっきりと観念論的な定式化では、こうだ。「世界とは、みずからを思惟する思惟にぶら下がった＝一時停止《スユスパンデュ》した、ひとつの思惟しない思惟である。」すでに博士論文『帰納の基礎』のなかでもラシュリエは、カントの『判断力批判』を新しく解釈していきながら、こう示していた。「あらゆる存在は力《フォルス》である。あらゆる力は、徐々に完全になっていく自身について意識しようと志向する思惟である。」

ジュール・ラニョー〔一八五一～九九年〕の教育を、視学官ラシュリエはとても高く評価していた。高等師範学校を修了し一八七五年に哲学教授資格を得たラニョーは、その後高校教員として、サンス、ナンシー、最後にはパリ郊外ヴァンヴの高校《リセ》で教えた。病気がちで、若くして亡くなる彼は、学校での哲学教育という自分の仕事にあまりにも全身全霊に身を捧げた。そのため彼の著作物として生前に出版されたものはほとんどなにもなかった。二つの短い論文と、ポール・デジャルダン[1]の「道徳活動協会」のプログラムの役割をはたす「協会と活動のプログラムのための簡単な覚書き」、それだけだった。しかし彼の生徒たち――L・ルテリエや、将来のアランことエミール・シャルチエ（一八六八〜一九五一年）など――は、ラニョーの授業からかけがえのない想い出をもらっている。ラニョーの名声は死後の刊行物によって、そして彼の伝説的生きざまによって、どんどん大きくなった。彼の人生が物語っているのは、みずからの仕事に全的に献身した高校教員の鑑《かがみ》としての生きざま、そして、教えることはまさしく哲学することであるという彼の信念であった。

（1）結局ラニョーは、「道徳活動協会」の立ち上げに際してデジャルダンがカトリック教会に接近する方向を取ったことに賛同できず、このサークルにはくわわらなかった。その後デジャルダンはかつてラニョーと構想したそうした活動の延長線上で、アンドレ・ジッドらを常連として《ポンティニの十日会議》を開催するようになった。これは第二次大戦後に、彼の孫たちに受け継がれて《スリジー・ラ・サールのコロック》とかたちを変え、現在まで続いている〔訳注〕。

ラニョーの講義のテーマは、確実性、判断、知覚、道徳行為、そして神についてのものであった。ラシュリエが心理学と形而上学の結節点に位置づけた反省的方法をラニョーは取り上げ直し、この方法を哲学そのものと同一視した。そうしてラニョーは、外的知覚から判断や道徳行為にいたるまでの、〈作動している精神〉を見出した。

あらゆる宗教的なドグマの外で、道徳的善の私たちのうちなる内在的原理として、神なるものが反省によってとりおさえられる。「重要なのは、神を思惟そのもののうちに発見することである。思惟の外部で神の存在を証明することは不可能である。しかしこの不可能性はある道徳的必然性と結びついている。すなわち、思惟が必然的だととらえたもの以上のものを思惟は肯定していかねばならないという道徳的必然性である。」おのおのの思惟の自発性のなかで、どれだけわずかで控えめなものにすぎないとしても、普遍的で必然的な《思惟》への要請を、漸進的に発見していくこと。この発見はラニョーにとって、ラシュリエにおけるのとまったく同一の、知的・道徳的な厳格さから要求されてくる営みなのである。ただし道徳と宗教にかんする二人の結論はかなり異なっているようだが[1]。

(1) 巻末参考文献【20】。

オクターヴ・アムラン(一八五六～一九〇七年)はボルドー大学教授、ついでソルボンヌの教授になった人物である。一九〇七年になってようやく出版された主著『表象の原理要素についての試論』によって、彼はしばしば新ヘーゲル主義者として通っている[1]。とはいえ、彼の弁証法的観念論はルヌヴィエの人格主義とも結びついている。むしろアムランは、ラシュリエが『心理学と形而上学』の最後の箇所で下絵を描いた「存在の諸可能態の総合」という考えを発展させようとしたのだろう。

(1) 巻末参考文献【21】。

たしかに、ヘーゲルの体系のように、アムランの体系もまた抽象から具体へ、客観的なものから主観的なものへと進む。しかしアムランの弁証法は矛盾対立〔相互否定的〕のそれではなく、反対対立〔相互補完的〕の弁証法だ。その弁証法は《関係》のカテゴリーから出発して《人格》のカテゴリーにおいて完成する。〔ヘーゲル『精神現象学』のように〕《絶対精神》で完成するのではないのだ。

III　科学史の哲学――数理と科学のエピステモロジーへ向けて

なるほどオーギュスト・コントが語ったのは単数形の《科学》ではなく、複数形の《諸科学 sciences》

の体系であった。コントにとって諸科学はまだほとんど歴史をもっておらず、むしろ神学的・形而上学的な先史だけしかないもの、だった。しかし次世代のルナンは複数形の《諸科学》の未来のことなど書かなかった。実証性の現在の未完成状態は来るべき未来の進歩によって完成される以外にありえない、と考えていた十九世紀末の通俗的実証主義者たちは、きまって単数形で大文字の《科学 Science》だけを引き合いに出すのであった。

この根本的には無歴史的たる大文字の《科学》を前にして、歴史というものをもつと思われるのは宗教的信仰ないし形而上学的信仰だけであった。そうした諸信仰に価値低下をもたらしうるのは、信仰自身から派生した歴史上のさまざまなヴァリエーションによってだけである。とすると、誤謬とはあるとすれば科学的な誤謬ではなく、もっぱら神学的ないし形而上学的な誤謬だということになる。たとえば、十七世紀の動物精気の理論の誤りは「科学者デカルト」ないし「科学者ウィリアム・ハーヴィ」に帰すると考えるのは論点先取の誤謬になる。そうではなく、その理論の誤りは「形而上学者デカルト」、「形而上学者ハーヴィ」に帰されるのである！ こうした大文字の《科学》を一義的なものとみなす考え方は、二十世紀の科学界にもまだしばしば見られる。

事情が大きく変わり出すのは、もはやひとつの方法論としてではなく哲学としての科学哲学が、諸々の科学理論の歴史を考慮に入れ始め、科学の諸領域の複数性、おそらく還元不可能なその根本的複数性を考慮に入れ始めたときである。

アントワーヌ＝オーギュスタン・クールノー（一八〇一～七七年）は数学者、哲学者、経済学者、行政官であった。クールノーはいまだによく知られておらず、誤解され続けているが、その原因はおそらく彼の仕事が多岐にわたるからだ。高等師範学校の理科の生徒であったクールノーは同時に法学を研究し、天体力学の学位を準備し、グヴィヨン元帥の回想録の編集を行なった。クールノーはリヨン大学の数学教授、ついでグルノーブル大学の学長となり、その後視学官になった。著書『富の理論の数学的原理にかんする研究』（一八三八年）はまさしく数理経済学を基礎づけようとしたものだ。クザンと共に文部省の王立会議のメンバーになったクールノーは、数学の教授資格《アグレガシオン》試験の審査委員長も務めた。

クールノーは数学の仕事（『偶然と確率の理論の詳解』一八四三年）も哲学の仕事（フランク編『哲学事典』への協力、『われわれの認識の根拠、ならびに哲学的批判の諸特性についての試論』一八五一年）も続けた。彼はディジョン大学の校長となり、『科学と歴史における根本観念の結びつきについての試論』（一八六一年）、『富の理論の原理』（六三年）、『フランスの公教育制度』（六四年）を出版した。クールノーは『思想の進歩、ならびに近代における諸事件についての考察』（一八七二年）、『唯物論、生気論、合理論』（七五年）、『経済諸学説概覧』（七七年）の三冊にみずからの根本思想をまとめたが、この時すでに彼の著作は膨大な量にのぼっていた。(1)

（1）巻末参考文献【22】。

クールノーの哲学的出発点は偶然、運、確率《プロバビリテ》の概念の哲学的射程をめぐる考察にある。これらの概念が、カントが論理的演繹だけで満足したゆえにできなかった、哲学的批判のさらなる前進を可能にするはずだ。クールノーはカントないしルヌヴィエの批判主義から、認識の治癒し難い相対性という考え方を継承する。形而上学を心理学で基礎づけようとするクザン流のやり方はまじめに受けとらなかった。

クールノー的意味での「哲学的批判」の根本問題は、人間の認識能力が諸事物の本性にたいして相対的に不適合だという問題である。絶対者が私たちから逃れ、私たちの認識が蓋然的《プロバブル》なものでしかないとしても、少なくとも私たちはこの確率《プロバビリテ》〔蓋然性〕なるものを鑑定し、（私たちの無知状態に由来する）主観的確率と、私たちが持つ認識からは独立した諸事物自体の確率とを、区別することができるのだ。「それゆえ、カントは〈批判〉にたいして否定的な役割を割り当てたが、哲学において〈批判〉はそうした否定的役割だけにはもはや限定されない」（『認識の根拠試論』）。

確率の哲学的価値についての反省から、クールノーは偶然の理論を展開させた。ヒュームのように、偶然とは無知であって、無知の真の原因はわれわれである、と語るのは厳密ではない。因果的連鎖が複数・多数存在すること、因果的連鎖がそれぞれ独立していること、そして異なる連鎖が出会うこと、これらにもとづいて、偶然の客観的存在を認めなければならない。一つの同じ出来事が、〈結果〉の資格で、複数の異なる〈原因〉連鎖に属している。そして今度はその出来事は互いに分離した複数の〈結果〉の連鎖を生み出すことになる。したがって、たがいに強く結びついた連鎖もあれば、独立している連鎖もある。考えごとをしながら歩いているとき、歩行が考えごとの内容に影響するかもしれないし、他方で、考えている内容とは関係なく、歩くことによってその人は重力なりなんらかの点において木星のいくつかの衛星に影響を与えていることにもなるのである。「たがいに結びついた自然現象は一つの網の目を形成する。その網の目のすべての部分はたがいにくっつきあっている。ただし、くっつき方や程度に同じものは一つもない。（……）一方で、強く結びあっていたそのつながりが弛緩し、偶発的な組み合わせの戯れによって多くの連鎖の流れが生み出される。他方では逆に、そのつながりが収縮し、組織的な統一性がより強く際立ってくる」（同書）。

したがって、クザンが心理学を形而上学の入口にすることで解決しようとしたのと同じ問題を、クールノーは取り上げ直しているわけだ。クールノーの回答は、哲学的確率の観点からは、〔主観的に認識される〕空間・時間・運動という現象は、諸事物そのものの〔客観的〕実在性に対応している、というものである。ただしこの哲学的確率は〔心理学的な〕共通信念にのみ依拠しているのではない。哲学的確率は諸科学の発展や、クールノーが「科学的なデータの哲学における使用」と呼ぶものによって確証されるのだ。

クールノーの哲学的批判全体は「思惟の道具の本性と、思惟される諸対象の本性とのあいだのある根本的な不一致」（『唯物論、生気論、合理論』）についての考察だといえる。かくして二つの秩序が区別されるだろう。すなわち、思惟の道具でしかなく、言語の形式に依拠している論理的秩序と、それら自身においてあるとみなされる諸事物の体系である合理的秩序とがである。偶然が客観的に存在するということは、本質的なものと偶有的なものという対立、理論的なものと歴史的なものという対立に存在意義を与える。そして、歴史そのもののなかでも、根拠〈永続的構造〉と原因〈出来事〉との区別に存在意義を与える。同様に、機械的なものと生命的なものとの根本的な相異、還元不可能なコントラストと思われるものが表現しているのはじつはやはり、客観的実在性のただなかで、諸事物の本性を認識するための人間の認識能力が相対的に適応不足だということなのである。

クールノーが依拠しているのは、つねに再解釈される諸結果というよりも、諸観念の前進である。「十九世紀の科学の仕事を全体的に見渡してみると、注目に値するものは一つしかない。それは、有機的世界と無機的世界の区別であり、その区別は科学が進歩していくことでつねによりよく示されてきた」（『思想の進歩』)。諸科学のデータに依拠することで、生気論は合理主義を補完するものとなる。合理主義は廃棄されもしないし貶《おとし》められることもない。生命の神秘とは、理性の挫折のことではない。そうではなく、理性が諸科学をもちいて諸観念の暗号から諸事物そのものへと移っていこうとするときに、理性がみずからの能力と限界とについて持つ知のこと、である。

エミール・ブートルー(一八四五〜一九二九年)は高等師範学校とソルボンヌで教鞭をとった。基本的には哲学史家である。とはいえ、彼の一八七四年の短い博士論文『自然法則の偶然性』は大きな反響を呼んだ。諸科学を分類するオーギュスト・コントの実証主義を反面教師にしたブートルーは、科学のさまざまな段階がそれと同数のさまざまな科学法則(たとえば機械的、物理的、生気的、心理学的法則)の領域を規定しており、分類によってその段階の数を減らすことはできないと考えた。他方で、もし諸科学が安定的で永続的なものしか取り上げないとしても、偶然性は増大しながら諸科学のさまざまな段階のそれぞれにまで行き渡っている。「法則は事実に近づくことをめざす。」かくして、「悟性〔知性〕の観点」は「諸事物の認識の決定的な観点」ではないのだ。科学的実証性はスピリチュアリスムとうまく和解できるはずである。偶然性の経験に意味を与え、その経験を自由の条件に変えるのは道徳的生である。ブートルーは、諸科学の発展そのものによって否認されるような「科学哲学」という概念は混乱したまま使用されていると絶えず批判し続けた(『科学と宗教』一九〇九年)。くわえて彼は、ヘーゲルの影響を受けた歴史家たちとは逆に、偉大な哲学体系の継起のなかにも似たような偶然性を見て取ろうとした。(1)

レオン・ブランシュヴィック(一八六九〜一九四四年)は学位論文『判断の様態』(一八九四年)の内容

(1) 巻末参考文献【23】。

から、〈反省哲学〉の流れに属するとみなされる。しかし彼は、精神が自分自身の運動において自分自身をとらえるのは、科学的産出によってであると考える。諸科学の進歩は精神の本質的活動性を明るみに出したが、そうである以上、知的意識の進歩は道徳的・宗教的意識の進歩でもある。ブランシュヴィックの観念論は結論づける、「人間の救済は、人間のうちにある」（『西洋哲学における意識の進歩』一九二七年）。哲学史（スピノザ、パスカル）にかんする、とりわけ科学史にかんするブランシュヴィックの仕事は二十世紀の前半全体にわたってかなりの影響力を持った[1]（『数理哲学の諸段階』一九一二年、『人間的経験と物理的因果性』一九二二年、『二十世紀物理学と哲学』一九三六年）。

（1）巻末参考文献【24】。

Ⅳ　生の哲学、行為の哲学

ラヴェッソンは『十九世紀フランス哲学についての報告』の結論部で、「スピリチュアリスム的実在論ないし実証主義」が今後登場してくるであろう、という予想を述べた。「他のあらゆる認識がそれに由来し依存するところのひとつの現実存在、つまりそれは精神の作用＝行為《アクシオン》にほかならないが、そこから精神がみずから引き出してきた意識を産出原理とする、スピリチュアリスム的実在論ないし実証主義」が。ラヴェッソンが告げていたのはなにか。カントの影響化にある〈批判〉によって実証主義に対抗するのではもはやなく、そうではなくむしろ、精神の生《ヴィ》と人間の行為《アクシオン》との直接的経験こそを頼みとし、本能《アンスタン》が意識に連続していることを発見することによって実証主義に対抗する哲学、そういう哲学の出現への期待であった。

　こうしてみると、〈反省哲学〉の反省的方法との相異が非常に際立つ。ラヴェッソンは、まさに生命科学の諸成果そのもののなかに科学主義を乗り越えさせるものを見て取ったのだ。進化という考えは生物学の分野で大きな発展をみたが、そうした進化概念は、反宗教的唯物論を強固にするどころか、逆に精神の本質的な希求に意味を与えることになる。生の哲学の源流として、ラヴェッソンを経て引き継がれた生気論《ヴィタリスム》の伝統は、ニーチェ（一八四四～一九〇〇年）からと想定されている影響よりもおそらくもっと重要である。ニーチェは十九世紀の終盤にはほとんど知られておらず、まだ理解もされていない。

　ジャン＝マリ・ギュイヨー（一八五四～八八年）はニーチェを読んでいないし、名前を知ることさえなかった。他方、ニーチェはギュイヨーの『制裁も義務もなき道徳』（一八八四年）と『未来の非宗教』（一八八七年）を読み、注釈するだろう。ギュイヨーは病気のために教員としてのキャリアをあきらめた。彼の最後の著作『社会学的見地による芸術』（一八八九年）は没後出版であった。ギュイヨーが示そうとしたのは「論証された」道徳の不充分さだ。そうした道徳は実証主義、功利主義、あるいはカント的義務の合理主義性に属している。知的論証の領域は道徳行為の領域とけっして同じではない。合理的な規則の彼方に、「人間本性がもつ最も高邁《こうまい》な衝動」がある。だが、最も強烈で伸展力のありうる生を道徳の原理とみなすならば、本能の自発性と意識的反省とのあいだに調和を打ち立てることが可能だ。「生きること、それは獲得することでもあるが、費やすことでもある。」あるいは功利主義に抗していうなら、「生きることとは計算することではない。行為することである。」

カントは「私はなすべきである。それゆえ私はなしうる」といった。ギュイヨーはこれをひっくり返して「私はなしうる。それゆえ私はなすべきである」とした。以後、エゴイズムとは自己肯定ではなく、逆に自己欠損を意味するだろう。無私無欲、連帯、自己犠牲といったものは、逆説的に、生の拡大でありえる。ギュイヨーは愛が行為において危険をおかすこと――物理的危険だけでなく道徳的危険をもおかすこと――の重要性を強調している。「思弁的な仮説は思惟の危険である。この仮説に一致する行為は意志の危険である。優れた存在とは企てる者であり、思惟によってであれ行為によってであれ、最も危険をおかす者である」(1)（『制裁も義務もなき道徳』）。

（1）巻末参考文献【25】。

ギュイヨーの逆説は**アルフレッド・フイエ**（一八三八〜一九一二年）の多くの著作のなかでかなり和《やわ》らげられている。フイエもまた健康上の理由によって教育者の道を途中で断念した。形而上学（『自由と決定論』一八七二年）や道徳（『ニーチェと反道徳主義』）、心理学（『力観念の心理学』一八九三年）、社会学（『現代社会科学』一八八四年）、哲学史についての多くの研究のなかで彼がとりくんだのは、科学的実証性を、進化の理論および「力観念 ideés-forces《イデー・フォルス》」の理論と両立させることだった。「進化」と「力観念」も、一八九〇年に出版された本のタイトル『力観念の進化論』にあるように、結びつけられる。

存在の最も深く最も始原的な経験は「意識の意志」というものである。それゆえ、生命力の発現は意識の発現と観念の発現に結びついている。フイエには、思惟と行為、主意主義と主知主義を強く結び合わせ、それらの境を取り払って溶かし合わせさえしたという自負があった。哲学が本質的に対象とするのは「力観念」である。「なぜ観念かというと、観念の外ではなにも理解できないし表現もできないからであり、なぜ力かというと、活動性と因果性の外ではなにも現実化しないからである」（『思惟と新たな反主知主義学派』一九一一年）。フィエは存在を思惟活動として内的にとらえることで、「形而上学の未来」（一八八八年出版の著書のタイトル）を確固たるものにできると考えていた。フィエは「意識の意志」の際限なき発展と増大とによって進化というものを特徴づけた。この場合の進化とは、スペンサーの進化とはちがってもはやたんに機械的でも量的でもなく、「内的、質的、革新的」だというわけである。つまるところ、進化する意識だけがあるのである。

モーリス・ブロンデル（一八六一～一九四九年）の学位論文『行為——生の批判と実践の学の試み』（一八九三年）は、いくつもの意味で、ひとつの事件だった。まず、大学における学術研究のなかでは非常に突飛だった「行為」という主題選択。だがなにより指摘すべきなのは、この学位論文が同時に二つの陣営から批判にさらされたという点だ。一方は《哲学のなかに神学が不当に持ち込まれている》と考えた者たち。他方はそれとは反対に、《カトリックの正統的教義が危うくされるのではないか》と危惧した者たちである。一方で教会に〈近代主義《モデルニスム》〉(1)の危機が訪れ、他方で第三共和政が教育の世俗性《ライシテ》〔政教分離〕を堅持しようとしていたという状況下で、彼の立場は難しいものだったと思われる。学位論文の指導教官ブートルーの後押しがあったにもかかわらず、非常に苦労したのち、ようやくブロンデルはエクス＝アン＝プロヴァンスの大学のポストを得た。彼は生涯その街で過ごした。

ブロンデルは神学者たちの目の前で自分の哲学的歩みを正当化せねばならなかった。彼は〈近代主義〉

（1）〈近代主義〉とは、十九世紀後半に、カトリック界の内部で、近代化していく社会のあり方に合わせて、教会の慣習・思想を変えていくべきかが激しい議論・対立を生んだ際、保守派の側が進歩派を非難してもちいた言葉〔訳注〕。

をめぐる論争に介入し、〈社会的カトリシスム〉に賛同していた。在庫稀少になっていた一八九三年版の『行為』が完全に手直しされ、新版が一九三七年に出た。ブロンデルはこの新版『行為』を、『思惟』(一九三四年)と『存在と諸存在者』(一九三五年)と統合して三部作とした。さらにのちに『哲学とキリスト教的精神』(全三巻、一九四四〜四六年)がこれにくわえられることになった。(1)

(1) 巻末参考文献【26】。

ブロンデルの『行為』は、彼が教えを受けた高等師範学校助教授**レオン・オレ=ラプリュヌ**(一八三九〜九八年)に捧げられている。マルブランシュの註釈者グラトリー司祭の弟子であったオレ=ラプリュヌにとって、哲学的確実性は理性だけを含むのではなく、意志と信《フォア》、少なくとも道徳的信もまた含むものである。オレ=ラプリュヌは、哲学の対象は存在であるが、存在とは思惟することであり行為することだと考えた(『道徳的確実性について』一八八〇年)。

「人間の生には意味があるか、ないか。人間には運命があるか、ないか。」ブロンデルの学位論文『行為』はこのような変わったフレーズで始まる。扱われるのは、道徳の根拠についての伝統的な問題ではないし、理性と宗教の関係の問題でもない。まさに行為の哲学、実効的な行為の哲学、行為について私たちがもつ経験の哲学。実存哲学と二十世紀に呼ばれるものである。方法は「直接的経験から」である。重要なのは、生がどれぐらいの束縛を受けているかを判断し、「そこから行為の神秘が謎《エニグム》――この謎という語はおそらく恐るべきものだろう――のごとく発生してくるような無意識的生の深みまで」意識の諸要求を評価していくことである。いかにして意識的な意志は生ける自発性を取り戻し、それと一致することができるのだろうか。「私が知ることと・望むことと、私がなすこととのあいだには、説明不可能で狼狽させるような不均衡《ディスプロポルシオン》がつねにある。」

純然たる方法論として提示されている最初の数頁から、ブロンデルはこの〈行為の弁証法〉に意義を与えている。「意志の最も無礼な否定の源泉、ないし意志の最も常軌を逸した狂気の源泉に歩み入って、つねに持続する最初の運動がそこにあるかどうかを探求しなければならない。その運動を否定し濫用している時でさえも愛され欲されているその運動を。」人間はつねに不満足であるがゆえに、みずからの行為の原理にある〈無限〉を人間は自分自身に与えることができない。「あらゆる人間的意識において、意志は自分の原理でも規則でも固有の目的でもないのではという感情が、どうしてもわき上がってくる。……人間は、自分はみずからの作者でも支配者でもないという不安さえも感じるようになる。……彼が欲するべきなのは彼が欲していたものではもはやなく、生や生の使用でももはやない。そうではなく彼が欲しているのは、彼のうちで生を産出し、生を批判し、生を判断するものだ。」

それゆえに、宗教的問題を人間の経験の全体からしりぞけてしまうことはできない。「人間の行為は人間を越える。理性の全努力は、人間はそこにとどまることができないということ、とどまってはならないということを洞察することにある。」だがもし人間の行為が自然の秩序において達成されえないものであるのならば、「超自然的」という考えを導入する必要がはっきりとある。「超自然的《スュルナチュレル》」という語がいかに躓《つまず》きを与えるものであろうとも、この語を哲学者ブロンデルは否定も無視もしない。「絶対的に不可能で、絶対的に必然的なもの、それはまさに超自然的という観念である。」哲学の彼方のところに、信は無償の贈与としてとどまる。しかし信の不在においても宗教的不安をは生じないわけではない。

アンリ・ベルクソン（一八五九〜一九四一年）はといえば、彼が宗教哲学にとりくんだのは遅く、一九三二年に出版された最後にして第四の主著『道徳と宗教の二源泉』になってからである。晩年のベルクソンはユダヤ教からカトリックへの改宗を検討していたようだが、さまざまな出来事が彼の改宗をさまたげた。

ベルクソンは高等師範学校《エコール・ノルマル・シュペリウール》出身。イギリスからフランスに帰化し、クレルモン・フェランの高校《リセ》の教員、ついでパリで名門高校であるアンリ四世校などの教員となった。一九〇〇年にベルクソンはコレージュ・ド・フランス教授となる。そこでの彼の講義は、社交界での流行という趣きを含むような、(1)大きな成功をおさめた。ベルクソンは一度も大学の教授にはならなかったという点は注記すべきだろう。(2)第一次世界大戦の際には外交の任務をも担った。一九二七年にはノーベル文学賞を授与された。彼の著作は出版されるやただちに革新的なものとみなされ、さまざまな議論を惹き起こし、フランス国内外できわめて深い影響をおよぼした。

（1）ベルクソンの哲学思想を理解するタイプではなさそうな上流階級のご婦人方が、コレージュ・ド・フランスの最前列の座席を確保しようと争ったりしたという、伝説めいたエピソードが伝えられている〔訳注〕。

（2）コレージュ・ド・フランスの講義は一般公開である。ゆえにそこでは大学とは異なって、後続の研究者を育成する（学問・思想上の後継者にする）ということはできないわけである。ベルクソンの新奇な思想をよく思わない他の学者によって敬遠され厄介払いされたという面がなくはないということだ〔訳注〕。

直観の哲学。生の哲学。進化の哲学。ベルクソンのスピリチュアリスム的哲学の特徴は、カント批判哲学へのラディカルな拒否ということにあろう。ベルクソンはラヴェッソンを称賛し、当初はスペンサーから影響を受けていた。〈スピリチュアリスム的実証主義〉というラベルは非常に大雑把なものであるが、これをベルクソンに貼ってもよかったのかもしれない。しかしながら、敵意ある評判とは異なって、ベルクソンは科学の敵ではない。彼は、《感傷的なはかなさ》や《ひとを欺くような直観》を科学の代わりにしようとするような、科学の敵なのではないのである。

ベルクソンは数学の研究から出発している。(1) とりわけ生物学の分野で科学的な教養を広くもっていた。当時支配的だったカントの影響下にある相対主義に反対して、ベルクソンは躊躇《ちゅうちょ》することなくこう書いている。「なぜ物質の科学は絶対的なものに到達しないというのか、理解できない」(『思想と動くもの』)。人間の認識の原理にある二元性とはカント的な《現象》と《物自体》との二元性ではない。そうではなく、概念的《知性》と《直観》との二元性である。無や空虚といった語の濫用から生じるにせの問題を哲学がしりぞけるならば、そのとき、哲学は精神科学として実証性をともなって進歩するだろう。かつ、そうした哲学は物質の科学をともなっているであろう。

(1) ラシュリエの『帰納の基礎』を読んで強いインパクトを受け、そののち若きベルクソンは悩んだ末に当初考えていた数学から哲学へと自身の道を変えることを決断したのだという〔訳注〕。

「科学と哲学とを結びつけ、それを次第に発展させることで、存在そのものをわれわれはその深みにおいてとらえることができる。」(『創造的進化』)

ベルクソンの直観的形而上学は現実的なもののうねりを追跡するものである。なるほどそのような直観的形而上学は、存在の全体をただ一つの観念へと包含してしまうようなことは、断念せざるをえまい。かくして、ベルクソンの主要著作（『意識に直接与えられているものについての試論』一八八九年、『物質と記憶』一八九六年、『創造的進化』一九〇七年、『道徳と宗教の二源泉』一九三二年）およびその他の論稿は、おのおのがたがいに対応しあい深めあう関係にあるとはいえ、やはり基本的には、それぞれ独立した主題にかんする哲学的探求となっているのである。

ベルクソンの《直観《アンテュイシオン》》概念は、次の二つの定式から定義できる。「直観とは、精神が精神を直接見ることである」、「直観的に思惟することは、持続《デュレ》において思惟することである」。直観は、空間化《スパシアリゼ》を行なうものである固定的《知性》とは基本的に対立する。とはいえ直観は、さまざまな問題設定と客観的事実の認識にたいする注意深い批判を排除しないし、むしろ逆にそれらを含意してさえいる。

『意識に直接与えられているものについての試論』（このなかの《直接》という語を強調すべきだろう）というタイトルの学位論文のなかで、ベルクソンは自由の問題にかんするカントの立場に一挙に異議申し立てをなした。自由とは、英知界へと亡命させられてしまわないと確保できないようなものなのではない。自由は、直接的に、直観的にとらえられるなにものかである。空間のなかでは諸々の語や諸々の物体は切り離されてしまっているが、この切り離しの彼方で、湧出する精神の生の内的経験において、まさに《持続《デュレ》》の動的連続において自由はとらえられる。――物理学による空間化《スパシアリゼ》された時間は、この《持続》を抽象化してしまったもの、「実用的な代替物」でしかないのだ。

第二の主著『物質と記憶』のベルクソンは、《記憶》である限りの持続という観点から、持続という事柄を深化させることで、〈心身問題〉を刷新しようとした。「現在における過去の保持とは、変化の不可分性のことにほかならない。」ベルクソンは脳生理学の最新の研究に依拠して、有機的生命のなかに「思惟そのものの生命という、より大きくより根源的な生命」が図式化されていることを見て取った。

第三の主著『創造的進化』では今度は、〈機械論《メカニスム》〉か〈目的論《フィナリスム》〉（逆立ちした機械論）かという古典的な二者択一がしりぞけられる。生は、《エラン・ヴィタール》（生の飛躍）である。生命は身を落として物質へと凝固する以前には、エラン・ヴィタールすなわち「予測不可能な新しさの連続的創造」なのである。ベルクソンはかくして生気論であるような自然哲学、実体の二元性ではなく傾向の二元性であるような自然哲学を提案する。

『道徳と宗教の二源泉』は、エラン・ヴィタールの二元性（社会学者ガブリエル・タルドの思想のとらえ直し）に立脚する。エラン・ヴィタールは「英雄」あるいは「聖人」において、「閉じた社会」の道徳がもつほぼ機械的な規律《ディシプリン》に対置されるかたちで、高邁さ・愛・神秘的呼びかけとして現われる。そうして『二源泉』のベルクソンはカント的な定言命法の合理主義性をしりぞけ、蟻《あり》の道徳のようなものだとして戯画化しさえするのであった。

ベルクソン哲学の影響は多様だ。時おりかなり予想外でさえある。その範囲は哲学だけでなく政治評論や文芸批評（ペギー、ソレル、ティボーデ）、また小説にまでおよぶ（でもマルセル・プルーストはベルクソン主義者だと一般にいわれるが、本当にそうなのだろうか?）。ベルクソン哲学をめぐる議論は、マルクス主義（ポリツェル『哲学的パレードの終わり、ベルクソニスム』一九二九年）や合理主義（ジュリアン・バンダ『知識人たちの裏切り』一九二七年）からの激しい攻撃を巻き込みつつ、二十世紀半ばまでにわたって、ずっと続いていくことになるのだ。

結論

哲学史とはおそらく、いくつかの根源的な哲学的問いを、さまざまな異なる政治的・宗教的・科学的文脈《コンテクスト》においてとらえ直すこと、これ以外のものではありえないのだろう。フランスではこの文脈は、十九世紀の初めに刷新されたのだった。フランスの十九世紀、それは〈大革命〉の継承者であり、また哲学にとっては、啓蒙思想の継承者、そしてコンディヤック的観念分析の継承者であった。

一八三四年にシェリングは著書『クザン哲学への判断』のなかで、驚きを表明した。フランス哲学は、ドイツ哲学とは反対に、心理学にもとづいているのだ、と。ロワイエ＝コラールとメーヌ・ド・ビラン以来、ラシュリエとベルクソンにいたるまで、フランスの〈スピリチュアリスム哲学〉はあらゆる存在論を、あらゆる形而上学を、内的経験の観察と分析から開始させるのであった。意識の事実の学。反省的方法。持続の直観。これらはいずれも等しく、スピリチュアルな自由の能動的原理へとアクセスするための道である。他方、敵対するマテリアリスム的イデオロジーおよび〈実証主義〉の側はといえば、デステュット・ド・トラシーからテーヌにいたるまで、感覚や観念へと自我を分解していくという仕方の、いっそう科学的になっていく自我分析によって、決定論という彼らの学説を正当化することが重要であった。結局、フランスにおいてすべては――出てくる帰結はさまざまであるとしても――前提としての心理学というものをもとに、動いていたのであった。

こうした議論枠組みのなかでは、ドイツのカント哲学、またとりわけカント以後の哲学は、不完全にしか理解されえなかった。二十世紀にすっかり入ってもなお、ヘーゲルの現象学やハイデガーの現象学からまず見出され吸収されたのは、心理学であった。おそらくはこうした事情こそが、ヘーゲルという記念碑《モニュメント》にたいしてフランスにおいて唯一比肩することができる存在、すなわちオーギュスト・コントの歴史哲学が、何人もの偉大な歴史家を輩出してきたフランスという国において、つねに奇妙なほどに過小評価されてきたことの理由なのかもしれない。同様に、人類の最終目的についての偉大な諸理論も過小評価されてきた。すなわちサン＝シモン主義、フーリエ主義、プルードン主義である。これらの思想はあまりにしばしば、科学的たることを自認するマルクス主義が押しつけた、《ユートピア的社会主義》という中傷めいたレッテルのもとにまとめられてきたのだ。

世紀末、理性の真理と信仰の真理とをめぐる伝統的論議は、〈科学《シアンス》〉（大文字で書かれた）と〈宗教《ルリジオン》〉（フランスではカトリシスム）とをめぐる論議へと変化した。実証主義がさまざまな形態で幅をきかせる。もはや自立した学科となった心理学（Th・リボー、ピエール・ジャネ）や社会学（デュルケーム）にも実証主義が広がっていく。ただし、それらの発展した実証主義においては、コントに負うものもはや《実証主義》という名前だけになっていく。科学と宗教とのはざまに囚《とら》われて、哲学は以後、道徳めいた貧弱なレトリックへと縮減されていくように見える。実際そうした非難をヴィクトル・クザンの最後期の弟子たちが受けていたのだが。

しかしながら、科学的諸概念の歴史についての反省が、そして、意識の生――その最も直接的な所与にまで遡る——についての反省が、ほどなく、偉大な形而上学的な問いを再生させる。始まりつつある二十世紀へと、それらの問いは贈り伝えられるだろう。

〈十九世紀フランス哲学〉関連年表

	フランス政治の動き	フランスでの哲学・思想の著作刊行など	フランスの美術・音楽・文学、他国での哲学書刊行、その他
一七八七年		ヴォルネ『エジプトとシリアへの旅』	カント『純粋理性批判』第二版（独）
一七八八年			カント『実践理性批判』（独）
一七八九年	三部会（五月） バスティーユ襲撃（七月） 〈大革命〉の始まり		ベンサム『道徳と立法の原理序説』（英）
一七九〇年			カント『判断力批判』（独） バーク『フランス革命の考察』（英）
一七九一年	立法議会（十月）	ヴォルネ『廃墟』	
一七九二年	八月十日事件 国民公会（九月） **第一共和政**		パリのパンテオン落成
一七九三年	ルイ十四世処刑（一月） 恐怖政治		ダヴィッド《マラーの死》
一七九四年	テルミドールの反動（七月）	デュピュイ『あらゆる信仰の起源』	フィヒテ『全知識学の基礎』（独）
一七九五年	総裁政府（十月）	学士院《アンスティテュ》創設	

一七九六年		ガラ『知性の分析についての講義』 ボナール『権力論』 メーストル『フランスについての考察』	ゲーテ『ヴィルヘルム・マイスターの修行時代』（独）
一七九七年	フリュクティドール十八日のクーデタ（九月）		いわゆる「アヴェロンの野生児」の発見
一七九九年	ブリュメールのクーデタ（十一月） 統領政府（十二月）		ナポレオンのエジプト遠征の際にロゼッタ・ストーン発見
一八〇〇年		ビシャ『生と死についての生理学的研究』	ダヴィッド《レカミエ夫人》
一八〇一年	ナポレオンと教皇ピウス七世との政教条約（七月）	ピネル『精神病にかんする医学-哲学的論考』 バランシュ『感情について』 デステュット・ド・トラシー『イデオロジー要綱』（〜〇五）	サド『ジュリエット、あるいは悪徳の栄え』
一八〇二年	アミアンの和約（三月）	カバニス『物理的なものと精神的なものとの関係』	シャトーブリアン『キリスト教精髄』 ノヴァーリス『青い花』（独）
一八〇三年	英、アミアンの和約を破棄（五月）	ビラン『思惟能力への習慣の影響』	
一八〇四年	ナポレオン、皇帝に即位	ドジェランド『哲学体系比較史』	シラー『ヴィルヘルム・テル』（独）

	（十二月） **第一帝政**		
一八〇五年	アウステルリッツの三帝会戦（十二月）		
一八〇六年	大陸封鎖令（十一月）		ゲーテ『ファウスト第一部』（独）
一八〇七年		ビラン『ラロミギエール氏の哲学学説の検討』	ヘーゲル『精神現象学』（独）
一八〇八年	スペイン反乱（〜一四年）	フーリエ『四運動の理論』	ベートーヴェン《交響曲第五番「運命」》《交響曲第六番「田園」》（独）
一八〇九年			シェリング『人間的自由の本質』（独）
一八一〇年		ドヌ『教皇の世俗権力についての歴史学的試論』	スタール夫人『ドイツ論』
一八一二年	ロシア遠征		
一八一三年	ライプツィヒの戦い（十月）		
一八一四年	ナポレオン退位（四月） ルイ十六世即位 **復古王政**	サン=シモン『ヨーロッパ社会の再組織化』 メーストル『政治体制の産出原理についての試論』	アングル《グランド・オダリスク》
一八一五年	百日天下（三月） ワーテルローの戦い（六月）	コンスタン『あらゆる政府に適用可能な政治の原理』 ラロミギエール『哲学講義』第一版	

一八一六年			コンスタン『アドルフ』
一八一七年		ラムネー『無関心論』 メーストル『教皇について』	
一八一八年	アーヘン会議	バランシュ『新思想との関連における社会諸制度についての試論』	
一八一九年			ショーペンハウアー『意志と表象としての世界』（独）
一八二〇年	クザン、ギゾーら文科大学で講義禁止		ラマルティーヌ『瞑想詩集』
一八二一年		メーストル『サンクトペテルブルクの夜会』	
一八二二年	師範学校閉鎖（〜二六年）	フーリエ『農業家庭アソシアシオン論』	シャンポリオンがロゼッタ・ストーンの解読を学士院で発表 ユゴー『オードと雑詠集』
一八二四年	シャルル十世即位（九月） クザン事件	サン＝シモン『産業者の教理問答』	
一八二五年	冒瀆禁止法		
一八二六年		クザン『哲学的断片』第一版 コント『実証哲学講義』	『フィガロ』紙創刊
一八二七年	マルティニャック首相就任	バランシュ『社会転生試論』	

一八二八年	ギリシア独立戦争に介入 クザンら復職	クザン『哲学史序説』	ネルヴァル訳、ゲーテ『ファウスト』
一八二九年		フーリエ『新世界』	ユゴー『エルナニ』
一八三〇年	アルジェリア出兵（五月） 七月革命 ルイ＝フィリップ即位 **七月王政**		ベルリオーズ《幻想交響曲》 スタンダール『赤と黒』
一八三一年			バルザック『あら皮』
一八三二年	コレラの大流行		
一八三三年	ギゾー法　初等・中等教育の整備の開始		
一八三四年		ラムネー『一信仰者の言葉』 ローマ教皇庁がラムネーを破門 ビラン『哲学的著作集』（クザン編） アンペール『科学哲学試論』	
一八三五年		トクヴィル『アメリカのデモクラシー』	バルザック『ゴリオ爺さん』
一八三六年	エトワール凱旋門落成		
一八三七年	パリに最初の鉄道が開通		
一八三八年		ラヴェッソン『習慣論』	スタンダール『ある旅行者の手記』

一八三九年		ルルー『エクレクティスム反駁』	スタンダール『パルムの僧院』
一八四〇年	パリのアンヴァリッドにナポレオンを改葬	プルードン『所有とは何か』	
一八四一年			ポー『モルグ街の殺人』（米）
一八四三年		ジュフロワ『美学講義』 フランク『カバラ』 クールノー『偶然と確率の理論の詳解』	
一八四四年	黄埔条約		デュマ父『モンテ・クリスト伯』（～四六）
一八四六年	凶作、食料価格の高騰 ルイ＝ナポレオンの脱獄		ベルリオーズ《ファウストの劫罰》
一八四七年			E・ブロンテ『嵐が丘』（英）
一八四八年	**二月革命** 臨時政府 **第二共和政**	バルニ訳、カント『純粋理性批判』 ルヌヴィエ『人間と市民のための共和主義的手引き』	マルクス・エンゲルス『共産党宣言』
一八五一年	ルイ・ナポレオンのクーデタ（十二月）	ルヌヴィエ『一般批判試論』	メルヴィル『白鯨』（米）
一八五二年	ナポレオン三世即位（十二月） **第二帝政** 哲学の教授資格試験《アグレガシオン》廃止	フランク『哲学事典』第一版 リトレ『保守主義、革命、実証主義』	ストウ『アンクル・トムの小屋』（米）

一八五三年			オスマンがセーヌ県知事となり、以後パリ改造事業を実施
一八五六年	アロー戦争（〜六〇年）	コント『主観的総合』	
一八五七年			ボードレール『悪の華』 フローベール『ボヴァリー夫人』 ミレー《落ち穂拾い》
一八五八年	スエズ運河会社設立	ヴァシュロ『形而上学と科学』	
一八五九年	イタリア統一戦争		ダーウィン『種の起源』（英） J・S・ミル『自由論』（英）
一八六〇年	第二帝政が《権威帝政》期から《自由帝政》期へ		
一八六一年	メキシコ出兵（〜六七年）	パストゥール『自然発生説の検討』	
一八六二年		ダーウィン『種の起源』の仏訳	ユゴー『レ・ミゼラブル』
一八六三年	哲学の教授資格試験復活	ルナン『イエスの生涯』	マネ《草上の朝食》
一八六五年		ルキエ『第一真理の探究』	マネ《オランピア》
一八六六年			ドストエフスキー『罪と罰』（露）
一八六七年	パリ万国博覧会（日本も参加）	ラヴェッソン『十九世紀フランス哲学についての報告』	
一八六九年			フローベール『感情教育』 ロートレアモン『マルドロールの歌』 トルストイ『戦争と平和』（露）

一八七〇年	普仏戦争開始（七月）		
一八七一年	普仏戦争敗戦 パリ・コミューン（五〜七月） **第三共和政**	ラシュリエ『帰納の基礎』	
一八七二年		フイエ『自由と決定論』	ニーチェ『悲劇の誕生』（独）
一八七三年			ランボー『地獄の季節』
一八七四年		ブートルー『自然法則の偶然性』	
一八七五年	第三共和政憲法制定		
一八七六年			マラルメ『牧神の午後』 ヴァーグナー《ニーベルングの指輪》（独）
一八七七年	五月十六日危機	ジャネ『目的因』	
一八七九年		リアール『実証科学と形而上学』	ゾラ『ナナ』 ファーブル『昆虫記』（〜一九〇七）
一八八〇年		オレ＝ラプリュヌ『道徳的確信』	モーパッサン『脂肪の塊』
一八八二年	フェリー法		ヴァーグナー《パルジファル》（独）
一八八三年			ニーチェ『ツァラトゥストラはこう語った』（独）
一八八四年	清仏戦争（〜八五年）	ギュイヨー『制裁も義務もなき道徳』	
一八八五年		ラシュリエ『心理学と形而上学』	

一八八七年	ブーランジスム（〜八九年） 仏領インドシナの成立		フォーレ《レクイエム》
一八八八年			C・フランク《交響曲》
一八八九年	エッフェル塔竣工	ベルクソン『意識の直接与件についての試論』	ロダン《カレーの市民たち》 ムーラン・ルージュ開店
一八九〇年		フイエ『力観念の進化論』	
一八九一年	露仏同盟		ワイルド『サロメ』
一八九三年		ブロンデル『行為』	
一八九四年	ドレフュス事件（〜九九年）		ドビュッシー《牧神の午後への前奏曲》
一八九五年	CGT（労働総同盟）結成		リュミエール兄弟が初の映画上映
一八九六年	マダガスカル植民地化	ベルクソン『物質と記憶』	ヴァレリー『テスト氏との夜』
一八九八年	ゾラ《私は弾劾する》 ファショダ事件		キュリー夫妻、ラジウムを発見
一九〇〇年		ベルクソン『笑い』	フロイト『夢判断』（独） フッサール『論理学研究』（独）
一九〇一年	急進社会党結成	ラシュリエ『パスカルの賭けについての覚書き』	
一九〇二年			ホフマンスタール『チャンドス卿の手紙』（独）
一九〇三年			ライト兄弟が有人動力飛行に成功（米）
一九〇四年	英仏協商		ヴェーバー『プロテスタンティズム

			の倫理と資本主義の精神』（独）
一九〇五年	政教分離法 フランス社会党SFIO成立 第一次モロッコ事件		
一九〇六年	アルヘシラス会議	ポアンカレ『科学の価値』	
一九〇七年	英露協商	ベルクソン『創造的進化』 アムラン『表象の原理要素についての試論』	
一九〇八年	ゾラのパンテオン改葬	ソレル『暴力論』	
一九〇九年			ジッド『狭き門』 レーニン『唯物論と経験批判論』（露） ルイ・ブレリオが英仏海峡の飛行横断に成功
一九一一年	第二次モロッコ事件		
一九一二年	モロッコ保護国化	ブランシュヴィック『数理哲学の諸段階』	プルースト『失われた時を求めて』 A・フランス『神々は渇く』
一九一三年			アポリネール『アルコール』 パリでストラヴィンスキー《春の祭典》初演
一九一四年	ジョレス暗殺 第一次世界大戦勃発		

訳者あとがき

十九世紀のフランスといえば？

美術のフランス。文学のフランス。革命のフランス。ナポレオンのフランス。ぜんぶ十九世紀のものだ。パリの街並みも芸術も政治も、こんにち私たちがふつうにフランスのイメージとして持っているもののほとんど大部分は、十九世紀にできあがってきたものなのだ。

ところで十九世紀のあいだ《哲学》はフランスでなにをしていたのだろうか。休憩中？

いやいや、とんでもない！　他のどんな世紀にもましてめまぐるしく、熱く激しく思想の営みは火花を散らし、現実と理想と格闘していたのだ。問題は私たちがそうした十九世紀哲学のめまぐるしい営みについて、リアルでくわしい話を聞ける機会がほとんどないということだった。そこに登場したのが本書である。

華麗で猥雑な、そして残酷な、十九世紀フランス。思想界もまた激動を繰り返していたのだ。

本書は、Jean Lefranc, *La philosophie en France au XIXe siècle*（coll. « Que sais-je? » n°3331, PUF, Paris, 1998）の全訳である。他にほぼ類書のない、十九世紀フランス哲学史について新たなスタンダードを提示した一冊であるといえよう。

原著者ジャン・ルフランは、パリ第四大学ソルボンヌの名誉助教授。専門分野は十九世紀思想史、とくにショーペンハウアーとその影響・受容、のようである。十九世紀フランス哲学史の本の著者が、ドイツのショーペンハウアー哲学がおもな専門の人だというのは、少々意外な印象を受ける。ただこの点が、あとでも少し触れるが、本書の記述がなしとげている絶妙なバランス感覚の源泉にもなっているものとも思われる。

本書の特徴を三点にまとめて指摘しておこう。すなわち〈情報量〉、〈分量配分〉、〈時期区分〉である。

ヴィクトル・クザンとオーギュスト・コントの二人を大きな軸としつつ、十九世紀フランスをいろどった百花繚乱の思想家群像を描きあげていく。そうした本書の記述の第一の特徴は、やはりとりあげられる人名の豊富さ、情報の豊富さにあろう。十九世紀のフランス哲学については、とにかくまとまった分量の著作がほとんど存在していなかった。そうしたなか日本では、十九世紀フランス哲学についての情報は、一九九九年に『フランス哲学・思想事典』(弘文堂)が出版されるという画期的な出来事があって、その以前よりはだいぶ詳しく知ることができるようにはなっていた。しかし、である。ルフランの本書には、『フランス哲学・思想事典』にすら載っていない人名がじゃんじゃん登場してくる。『フランス哲学・思想事典』掲載の人物についても、場合によってはさらに深く立ち入った情報知識が取得できるようになっている。この豊富な情報量が、しかもコレクション・クセジュというすこぶるコンパクトな形態で提供されていること。これが本書の第一の特徴である。本書ではじめて十九世紀フランス哲学史に触れる読者の方にも、あるいはすでにかなりこの分野に通じていていてさらにマニアックな情報を求めておられた読者の方にも、充分ご満足いただける読みごたえではないかと思う。

もちろん、多量の情報をたんに並べるだけでは思想史の書物にはならない。本書の第二の特徴は、おそらくはかなりの計画的な意図でもって、従来の十九世紀哲学史の描かれ方とは異なるページ分量配分を、各思想家にたいして行なっている点である。

たとえばジャン・ヴァールの『フランス哲学小史 *Tableau de la philosophie française*』(原著初版一九四六年、邦訳書一九七四年)という書物があった。この『フランス哲学小史』のなかの十九世紀の箇所は、十九世紀フランス哲学史についての数少ない著述のひとつであるとともに、描く際の分量配分などにおいてひとつの標準を示してきたものだといえる。つまりどうなっているかというと、やはりメーヌ・ド・ビランとベルクソンとに、圧倒的に大きな分量が割かれていた。単純に見積もって、他の思想家の約二〇倍くらいの分量になっている。もちろんビランとベルクソンは非常に重要である。二〇倍でもまだ全然足りないぐらいだという意見も出てこよう。たしかに。だが十九世紀というひとつの時代を描こうとする際に、二人の人物だけを突出させて、しかも(この点が決定的かもしれないが)二人のあいだにあったはずの数十年という時間的インターヴァルをまるでほとんどなにもなかったかのようにさらっと流してしまったりすると、これでは本当の意味での歴史・思想史の起伏ある記述にはならない。

今回本書でルフランは、ビランやベルクソンについては、意図的に記述分量を抑制しているように見受けられる(くわえてラヴェッソンとラシュリエにかんしても、重要性を強調しつつもきわめて少ない分量に圧縮している)。そして他の思想家たちについては、従来の類書にはなかったほどに一定の行数・ページ数を割り振っている。この禁欲的かつ贅沢な分量配分方針でもって本書は、なにか事後的に重要性をきめつけたうえで懐古的に眺められた思想史、というのではなく、まさにナポレオン時代・復古王政・七月王政・第二帝政・第三共和政という各時代における、同時代の人びとにとってのリアルな思想的課題を担った生ける思想として、各哲学者の思想のいわば血湧《わ》き肉躍《おど》るがごとき出現の現場を浮き彫りにすることに成功していると思われる（そうして、《革命》はデモクラシーのほのぼのとした到来などではなく、まずなによりも、迷惑きわまりない混乱と混迷の惨事と受けとめられた、という歴史認識の忘れられがちな基本も、よく描き出されている）。

分量配分で特に目立つところを、ごく手短にだけ指摘しておこう。たとえば第一章は、イデオロジー学派に一定の分量を割くことにはじまる。そして〈伝統主義〉の論客たちへの記述の厚さは特筆すべき。第二章ではクザン派とコントにたっぷりヴォリュームがあたえられている。第三章は本書のなかでもさらにほとんど知られていない名前が——このなかではプルードン、テーヌ、ルナンあたりは有名すぎるビッグ・ネームと感じさせさえするほどだ——集まっている箇所で、特異な孤高の詩人ヴィニー、そしてフランスのショーペンハウアー主義者たちといった扱われることの稀《まれ》な人びとが、本書の論述の流れがむかえる重要な分水嶺のひとつを繊細絶妙に描き出している。第二帝政期は思想統制の時代でもあり、思想史上は消極的・空白地的に記述されるにとどまることがほとんどであった。そこにルフランは、政治・思想・芸術上のロマン主義の霧消のあとに到来した、厭世主義〔悲観主義〕を明瞭に指摘する。クザン派や伝統主義の〈大革命〉解釈からの帰趨の一端を浮き彫りにする、本書の白眉のひとつであろう。そして最後に第四章はかなり制限されたページ数で思想家たちがぎゅうぎゅうに詰め込まれているが、クールノーがやや多めに紹介されているという感じだろうか。

第三の特徴に移ろう。さて、ここまで記してきたなかでもすでにいくらか触れられていたが、改めていえば、本書の第三の特徴は、そう、時代・時期の区分ということにたいする意識の鋭さにある。十九世紀フランスの個々の哲学者について論じたすぐれた文献というのはもちろん――フランス語にせよ日本語にせよ――さまざまに存在してきたわけで、哲学的内容理解において特筆すべき深い水準に達している名著も少なからずあった。ただ、十九世紀というきわめて変化の振れ幅の大きい時代についての歴史学的・思想史的な把握が充分に伴っていたかといえば、この点にかんしては、なお研究は展開途上であった。それが一九九〇年代に入った頃から徐々に、より緻密でよりダイナミックな歴史的認識を伴った新しいタイプの十九世紀哲学史研究が登場するようになった。そうした最新の潮流に掉さすかたちで、本書は非常に時代時期区分を重視した叙述様式で書かれている。そしてその帰結として、従来とは異なる新鮮な哲学史解釈を提示するにいたっている箇所もある。たとえばそのひとつが、本書第一章第II節に記されている、「スピリチュアリスム」の定義である。

《フランス・スピリチュアリスム》哲学の定義というのはほんとうに難しい問題で、いろいろなとらえ方が提起されてきたものの、これという定まったものは結局いまだにない。では本書ではどういうスタンスがとられたか。

本書でルフランは、後代の視点から見て事後的に「スピリチュアリスム」と分類できるかどうかではなく、同時代に当人たちが「スピリチュアリスム」であるという自己認識・自己呼称を有していたかどうかを重視するというスタンスを選択している。そのうえで「マテリアリスム」的イデオロギーとの対立というもともとの地点を基準にして時期を絞る。かくして、「スピリチュアリスム」とは要するにビランとクザン、およびクザンの弟子たち、という定義ができあがる。――この定義では狭すぎる、という苦情はすぐに聞こえてきそうではある。なぜブロンデルやベルクソンという大物が入らないのか……、従来の哲学史がクザンを軽視しすぎたとはいえ今度はクザンを重視しすぎではないか……等々と。実際、「ビランにはじまりベルクソンにいたる」という種類のスピリチュアリスム定義に慣れていた人にとっては、この定義ではかなり狭く感じられるのではと推測される。しかしながら、「ビランにはじまりベルクソンにいたる」という定義のデメリットは、ルフラン的定義と比較してみるとよくわかる。つまり、期間が長すぎるのである。約一〇〇年以上にわたってしまうことになる。古代中世ならまだともかく、十九世紀という激動の時代にあてるモノサシとしては、一〇〇年では目盛りが大きい。本書でのルフランの提案は、その点に一石を投じたのだとみなされよう。このスピリチュアリスム定義問題については、以前私もルフランの発想からおおいに示唆を受けつつ、自分の考えるところを述べたことがある(『哲学の歴史』第八巻、中央公論新社、「Ⅳ 十九世紀フランス哲学の潮流」)。日本でもまた改めて、フランス・スピリチュアリスム哲学の定義をめぐって、さまざまな角度からの議論が立ちあがってくるのを期待したいと存じる。

むろん、本書がリフレッシュしてくれるのは、狭義の哲学史知識だけではない。たとえば、本書の哲学史記述を読んだあとで、十九世紀フランス文学を読み返してみると、どんなふうに違って見えてくるだろうか。もちろんそれは一次的には、読者の皆様に委《ゆだ》ね申し上げるべき事柄ではある。とはいえ訳者自身もひとつくらいは例を挙げるべきか。では、バルザック(一七九九〜一八五〇年)の『結婚の生理学』からこんな一節を引用しておこう。

「……今度のあなたの本のなかで、あなたが書くべきと感じているあの課題を果たしたいと思うのなら、えっと、あの語、エク……、エル……」

「エクレクティスム、でしょう」と私はにやりとしながら侯爵にいった。老侯爵、いつまでたってもこの哲学用語に慣れることができないのだ。

「よく知っていますよ、その語！……」と彼は答える。「それで、もしあなたがそのエレクティスムを書きたいという要望を……」

『結婚の生理学』は一八二九年の出版。つまり、クザンが文科大学に復職して若者らに熱狂的歓迎を受けたあの二八年講義の翌年である。引用箇所でのバルザック創作の会話は、エクレクティスムという語がまさに世の流行語であったということ、かつ、新鮮な語であったため詳しくない人は発音をまちがえてしまう（でも知ったかぶりはしておきたい）ほどであったということを、表わしている。十九世紀フランス文学の頂点のひとつをなす小説家バルザックが、これほどまでにクザンのことを意識していたのだ。ちなみに『結婚の生理学』にはこんな箇所もある。

十八世紀の作家たちは、たしかに、《社会《ソシエテ》》にたいしては膨大な貢献をなした。だが、彼らの哲学は、感覚主義《サンシュエアリスム》にもとづいていたため、人間存在の表面の皮膚よりさらに深いところに進んでいくことがなかった。彼らは外的世界しか考察しなかったのだ……

どうだろうか。まさにクザンの十八世紀哲学およびイデオロジーにたいする評価をそのまま引き継いだ思想内容が述べられている（一九八〇年刊のプレイヤード版バルザック全集の注釈者はこの箇所について、十八世紀の哲学者へのこれほど強い非難は一八二九年という時点では驚くべきものである、と当惑めいた注を記しているが、かくして十九世紀フランス哲学史をおさえている私たちからすれば、なにも驚くにあたるものはない）。このように、エクレクティスムやそれから伝統主義等々をふまえておくと、バルザックの作品へのさらに重層的なアプローチがおそらく可能になることであろう。また、小説家というカテゴリーのなかでは、バルザックと並びたつ偉大な作家であるフローベールも彼女の元彼がクザンだったというような因縁浅からぬ関係があったりするのだが、ただこれはフローベール研究者には比較的周知の事実である。

日本近代思想についても、本書の記述が新鮮な知識を提供してくれる面があろう。中江兆民の哲学概説書『理学鉤玄』（一八八六／明治一九年）は、第三共和政初期一八七〇年代にフランスに留学していた徳川時代生まれの日本人兆民が、パリでリヨンで、どんな思想の風にあたっていたかをありありと伝えている。

「……撰択説《エクレクチスム》ハ法国ウイクトル、クーザンノ定ムル所ニシテ、諸家ノ説ヲ採択シ裁緝《さいしゅう》シテ以テ説ヲ為ス者ニシテ近時法国学官ノ虚霊説《スピリチユアリスム》正《ま》サニ是レナリ……」。

兆民の論には他にもジュフロワやフランクといった人名がぞろぞろ登場してくるが、「いったい誰のことなのか？」と苦労した読者も多かったのではないか。ルフランの本書での著述をとおして、日本においてフランス哲学研究に史上初めて携わった者たちの一人、私たちの大先輩である兆民の仕事にも、また新たな角度からの光が投げかけられるかもしれない。

最後に、他分野との関連という点で本書の記述が含蓄豊かに示しているもうひとつのこととして、やはり、ドイツ哲学とフランス哲学との相互影響ということがあろう。ルフランが指摘しているとおり、十九世紀フランス哲学史とはカント批判哲学の解釈・注釈の歴史であった、という側面があることはたしかである。だとすると、十九世紀においてもっとも深くすぐれたカント理解を示したバルニとラシュリエの名を挙げれば事足りるとすべきだろうか。いや、ルフランがとるのはそういうスタンスではない。さまざまな注釈・継承のあり方を、なるべくあるがままに記述していくこと。それがまあまあ正統派、あれはかなり異端的、とあらかじめ決めつけないこと。これが本書での著者のスタンスであり、おそらくそこに、ショーペンハウアー研究者としての力量が効いているのではないかと思われる。ヘーゲル哲学は先行するカント哲学なしにはなかっただろうが、通例、ヘーゲルをカントの後継者とは呼ばない。他方、ショーペンハウアー哲学は、まさに独創的な一哲学という面と、カント批判哲学の継承発展という面（現象と物自体との区別等）との両方を明確にもっている。両面を見なければ充分なショーペンハウアー理解とはいえない。同様のことが、十九世紀フランスの諸哲学についても一定に当て嵌まろう。ドイツの思想を吸収していることと、特徴あるオリジナルな哲学であることとは、矛盾ではなく、まさに両面揃ってこそ全体なのである。フランス哲学とドイツ哲学とを、相互的な生産的交叉という相の下に見ること。本書が与えてくれる哲学史研究上の射程は、ひとつの言語圏・ひとつの国に限定されない視野での思想史探索という豊かな地平を垣間見せてくれているのである。

一般読者の方々向けに、今回の訳者たちにとってバックグラウンドとなっている、近年の日本での十九世紀フランス哲学研究のようすについて簡単にだけご紹介をしておこう。ここ四半世紀ほどのあいだこの分野の研究は、長谷正當《しょうとう》（京都大学名誉教授）と松永澄夫（立正大学教授・東京大学名誉教授）によって牽引されてきた。長谷教授はラヴェッソン、ブロンデル、ベルクソンを主な研究対象とし、深遠かつ透明感のある宗教哲学的思索を日本語で表現する境地を切り拓いた。松永教授はメーヌ・ド・ビラン研究から出発した。その後、ビラン的「分解《デコンポジシオン》」を自家薬籠中のものとしたかのような緻密さと鋭敏さを特徴とする自身の仕事を展開する一方で、『フランス哲学・思想事典』や『哲学の歴史』全一二巻の編集を主導し、日本における哲学史研究を刷新する中心人物としての役割も果たしてきた。『フランス哲学・思想事典』での松永教授執筆の記事がクザンの哲学史的位置づけをまさに一八〇度転換させたといって過言ではない。

そして現在十九世紀フランス哲学研究において最前線で活躍している代表的人物はといえば、杉山直樹（学習院大学教授）をおいてもちろんほかにはない。杉山教授の猛烈な博識とそして流麗明瞭な文体とは、後続の私たちにとって以前も今も同じく恐れと尊敬の対象である。杉山教授のベルクソン研究・スピリチュアリスム研究の圧倒的な仕事群からの影響なしには、今回この程度の水準の翻訳すらまったく可能ではなかったであろうということを、ここに明記させていただくものである。

翻訳は序論・第一章・結論を川口、第二章を長谷川、第三・四章を根無という分担で行なわれた。その後全体をつうじて訳文に調整がほどこされた。巻末の年表は原著にはなく、読者の便宜のために今回つけくわえられた。人名索引は原著より項目を増補し、事項索引は新たに作成した。知られていない新情報が多く専門性の高い内容の書であり、翻訳作業は七転八倒、難航を極めた。原文は相当簡潔に圧縮された文が多く、しばしば難解で、一般読者への配慮として説明的に言葉を補って訳出する必要があったが、訳者の内容理解や力量がますます問われてはこよう。細部まで意を注いだとはいえ、なおけっして充分ということはあるまい。読者諸賢のご叱正を仰ぐばかりである。

とはいえ苦い感想をもつ一方で、澄みきった感慨も覚えないわけではない。京都の至成堂書店で「こんな本が出ているのか」となにげなく本書を手に取ってから一〇年以上。ある頃からは、いつか翻訳するのではないかというような気がしていた。ようやく現実に日本語でお届けできることになった。幅広い読者のお役に立てれば幸いである。

今回の翻訳は、白水社の立案段階でまず中川すみ氏に大変お世話になった。中川氏によるご推挙がなければそもそも企画が立ちあがることはなかっただろう。改めて謝意を表したい。

具体的な作業遂行においては浦田滋子氏にお世話になった。勝手に悪戦苦闘して〆切り期日を危うくしている訳者たちに、やんわりやんわりとプレッシャーをかけていただき、そのおかげでなんとか刊行にこぎ着けることができた。あまり類例のない内容の書物であることに自信と同時にいささかの引け目(?)も感じていた訳者らの仕事にたいし、浦田さんはまったく端的にご理解を示され、ご尽力をいただけたことは、誠にありがたかった。深く御礼申し上げる。

二〇一四年二月

川口茂雄

人名索引

ア行

カ行

サ行

タ行

ナ行

ハ行

マ行

ヤ行

ラ行

事項索引

ア行

カ行

サ行

タ行

ナ行

ハ行

マ行

ヤ行

ラ行

参考文献①
（原書巻末）

哲学史の書物では、十九世紀フランス哲学に割かれる章は、いそがしく手短なものであることが非常に多い。次のものを参考文献として挙げておこう。

Ravaisson, *Rapport sur la philosophie en France au XIXe siècle*, 1867.

Paul Janet, *La philosophi française contmporaine*, 1879.

Émile Boutroux, La philosophie en France depuis 1867, *dans la Revue de métaphysique et de morale*, 1908(p.683-716).

Victor Delbos, *La philosophie française*, 1919.

Dominique Parodi, *La philosophie contemporaine en France*, 1919.

Émile Bréhier, *Histoire de la philisophie*, t. 3 : *XIXe et XXe siècles*, 1932.

Jean Wahl, *Tableau de la philosophie française*, 1946.

Weber et Huisman, *Tableau de la philosophie française*, 1957.

Yvon Belaval (sous la dir. de) *Histoire de la philosophie*, t. 3, coll.« La Pléiade », 1974.

Lucien Sève, *La philosophie française contemporaine et sa genèse de 1789 à nos jours*, 1962.

Mrtial Guéroult, *Histoire de l'histoire de la philosophie*, t. 3, 1983.

S. Douaillier, R.-P. Droit , P. Vermeren, *Philosophie, France XIXe siècle*, écrits et opuscules, 1994.

A. Robinet, *La philosophie française*, PUF, « Que sais-je? », n° 170.

A. Kremer-Marietti, *Le positivisme*, PUF, « Que sais-je? », n° 2034.

D. Folscheid, *Les grandes dates de la philosophie classique, moderne et contemporaine*, PUF, « Que sais-je? », n° 3131.

J. Billard, *L'éclectisme*, PUF, « Que sais-je? », n° 3124, 1997.

参考文献②
（原注による引用文献）

【1】イデオロジーのすべての著者たちについてはピカヴェの著作、F. Picavet, *Les Idéologues*, 1891 がいまなお基本文献である。あわせて以下を参照のこと。S. Moravia, *Il pensiero degli Idéologues*, Florence, 1974 ; G. Gusdorf, *La conscience révolutionnaire, les Idéologues*, 1978.

【2】J. Gaulmier, *L'Idéologue Volnay*, 1951-1980 ; *Volney et les Idéologues*, Actes du Colloque d'Angers, 1988 ; numéro spécial du *Corpus*, n°11-12, 1989.

【3】 Maine de Biran, *Examen des leçon de philosophie de M. Laromiguière*, 1817 ; Victor Cousin, « Leçon de M. Laromiguière » dans *Fragments philosophiques*, 1826 ; Taine, *Les Philosophes français*, 1857 ; Alfaric, *Laromiguière et son école*, 1927.
【4】 M. Henry, *Philosophie et phénoménologie du corps, essai sur l'ontologie biranienne*, 1970 ; H. Gouhier, *Maine de Biran penseur de l'immanence radicale*, 1974 ; B. Baertchi, *L'ontologie de Maine de Biran*, 1982 ; F. Azouvi, *Maine de Biran, la science de l'homme*, 1995.
【5】 Balthélemy Saint-Hilaire, *Philosophie des deux Ampère*, 1870.
【6】 Taine, *Les Philosophies français du XIXe siècle*, 1857 ; Paul Janet, *Victor Cousin, son oeuvre*, 1885 ; J. Simon, *Victor Cousin*, 1887 ; Barthélemy Saint-Hilaire, *Victor Cousin, sa vie et sa correspondance*, 1895 ; numéro spécial de la revue *Corpus*, 18-19, 1991 ; P. Vermeren, *Victor Cousin, le jeu de la philosophie et de l'État*, 1993.
【7】 Taine, *Les Philosophes français du XIXe siècle*, 1857 ; la correspondance de Jouffroy a été publiée par A. Lair en 1901.
【8】 A.Koyré, Louis de Bonald dans *Études d'histoire de la pensée philosophique*, 1961 ; J. Godechot, *La contre-révolution*, 1961.
【9】 J.-R. Derré, *Lamennais, ses amis et le movement des idées*, 1962 ; L. Le Guillon, *L'évolution de la pensée religieuse de Lamennais*, 1966.
【10】 L. Reybaud, *Étude sur les réformateurs ou socialistes modernes*, 1864, rééd., 1978 ; S. Chartléty, *Essai sur l'histoire du sanit-simonisme*, 1896 ; Maxime Leroy, *Le socialism des producteurs : Henri de Saint-Simon*, 1924 ; J. Walch, *Bibliographie saint-simonienne*, 1967.
【11】 H. Desroches, *La société festive, du fouriérisme aux fouriérismes pratiques*, 1975 ; S. Debout, *L'utopie de Charles Fourier, l'illusion réelle*, 1978 ; J. Beecher, *Fourier*, 1993.
【12】 Bergson, La vie et l'œuvre de Ravaisson dans *La pensée et le mouvant*, 1904 ; J. Dopp, Félix *Ravaisson, la formation de sa pensée*, 1953 ; D. Janicaud, *Une généalogie du spiritualisme français aux sources du bergsonisme. Ravaisson et la métaphysique*, 1969.
【13】 P. Haubtmann, *La vie sociale de Proudhon*, 1962 ; *Proudhon, Marx et la Pensée allemande*, 1981 ; G. Gurvitch, *Proudhon, sa vie, son œuvre*, 1965 ; P. Ansart, *Naissance de l'anarchisme*, 1970 ; Bancal, *Proudhon, pluralisme et autogestion*, 1970.
【14】 R. Aron, *Les étapes de la pensée sociologique*, 1967 ; J.-C. Lamberti, *Tocqueville et les deux démocraties*, 1983.
【15】 G. Séailles, *La Philosophie de Renouvier*, 1905 ; O. Hamelin, *Le système de Renouvier*, 1927 ; M. Méry, *La critique du cartésianisme chez Renouvier*, 2 vol., 1952.
【16】 J. Grenier, *La Philosophie de Jules Lequier*, 1936 ; X. Tilliette, *Jules Lequier*

ou le tourment de la liberté, 1964.

【17】J. Pommier, *La Pensée religieuse de Renan*, 1925 ; P. Lasserre, *La Jeunesse de Renan, histoire de la crise religieuse au XIXe siècle*, 1925 ; K. Gore, *L'idée de progrès dans la pensée de Renan*, 1970.

【18】A. Chevrillon, *Taine, formation de sa penée*, 1932 ; Colin Evans, *Essai de biographie intérieiure*, 1975 ; J.-T. Nordmann, *Taine et la critique scientifique*, 1993.

【19】G. Séailles, *La Philosophie de Lachelier*, 1920 ; Louis Millet, *Le Symbolisme dans la philosophie de Lachelier*, 1959 ; Revue *Corpus* consacrée à Lachelier, n° 24-25, 1994.

【20】Alain, *Souvenirs concernant Lagneau*, 1925 ; Canivez, *Lagneau professeur de philosophie*, 1965 ; Commémoration du centenaire de la mort de Lagneau, *Bulletin de la Société française de philosophie*, 88e année, n°4, 1994.

【21】F. Turlot, *Idéalisme, dialectique et personnalisme, Essai sur la philosophie d' Hamelin*, 1976.

【22】A. Darbon, *Le Concept de hasard dans la philosophie de Cournot*, 1911 ; *Études pour le centenaire de la mort de Cournot*, 1978.

【23】D. Parodi, *La Philosophie contemporaine en France*, 1919 ; A. F. Baillot, *Boutroux et la pensée religieuse*, 1957.

【24】Numéros spéciaux de la *Revue de métaphysique et de marale et des Études philosophiques* parus en 1949 ; M. Deschoux, *La Philosophie de Léon Brunschvicg*, 1949.

【25】A. Fouillée, *La Morale, l'art et la religion d'après Guyau*, 1889 ; W. Jankélévitch, *Deux philosophes de la vie : Bergson, Guyau* dans Premières et dernières pages.

【26】H. Duméry, *Raison et religion dans la philosophie de l'action*, 1064 ; R. Virgoulay, *Blondel et le modernisme*, 1980 ; R. Virgoulay et C. Troisfontaines, *Blondel, bibiliographie analytique et critique*, 2 vol., 1975-1976.

訳者略歴

川口茂雄（かわぐち・しげお）
一九七六年兵庫県生まれ
京都大学文学研究科博士課程指導認定退学
日本学術振興会特別研究員ＰＤ（東京大学人文社会系研究科）を経て、現在、青山学院大学総合文化政策学部・大学院総合文化政策学研究科非常勤講師

長谷川琢哉（はせがわ・たくや）
一九七五年新潟県生まれ
京都大学文学研究科博士課程指導認定退学
大谷大学助教を経て、現在、大谷大学など非常勤講師

根無一行（ねむ・かずゆき）
一九七九年大阪府生まれ
京都大学文学研究科博士課程指導認定退学
現在、日本学術振興会特別研究員ＰＤ（京都大学文学研究科）

十九世紀フランス哲学

二〇一四年三月一〇日印刷
二〇一四年四月　五　日発行

訳　者 ©
川口茂雄
長谷川琢哉
根無一行

発行者　及川直志
印刷所　株式会社　平河工業社
発行所　株式会社　白水社

東京都千代田区神田小川町三の二四
電話　営業部〇三（三二九一）七八一一
　　　編集部〇三（三二九一）七八二一
振替　〇〇一九〇－五－三三二二八
郵便番号　一〇一－〇〇五二
http://www.hakusuisha.co.jp

乱丁・落丁本は、送料小社負担にてお取り替えいたします。

製本：平河工業社

ISBN978-4-560-50989-0
Printed in Japan

文庫クセジュ

哲学・心理学・宗教

文庫クセジュ

866 透視術
874 コミュニケーションの美学
880 芸術療法入門
881 聖パウロ
891 科学哲学
892 新約聖書入門
900 サルトル
905 キリスト教シンボル事典
909 カトリシスムとは何か
910 宗教社会学入門
914 子どものコミュニケーション障害
927 スピノザ入門
931 フェティシズム
941 コーラン
944 哲学
954 性倒錯
956 西洋哲学史
958 笑い
960 カンギレム
961 喪の悲しみ
968 プラトンの哲学
973 100の神話で身につく一般教養
977 100語でわかるセクシュアリティ
978 ラカン

文庫クセジュ

歴史・地理・民族(俗)学

文庫クセジュ

853 パリの歴史
856 インディヘニスモ
857 アルジェリア近現代史
858 ガンジーの実像
859 アレクサンドロス大王
861 多文化主義とは何か
864 百年戦争
865 ヴァイマル共和国
870 ビザンツ帝国史
871 ナポレオンの生涯
872 アウグストゥスの世紀
876 悪魔の文化史
877 中欧論
879 ジョージ王朝時代のイギリス
882 聖王ルイの世紀
883 皇帝ユスティニアヌス
885 古代ローマの日常生活
889 バビロン
890 チェチェン
896 カタルーニャの歴史と文化
897 お風呂の歴史
898 フランス領ポリネシア
902 ローマの起源
903 石油の歴史
904 カザフスタン
906 フランスの温泉リゾート
911 現代中央アジア
913 フランス中世史年表
915 クレオパトラ
918 ジプシー
922 朝鮮史
925 フランス・レジスタンス史
928 ヘレニズム文明
932 エトルリア人
935 カルタゴの歴史
937 ビザンツ文明
938 チベット
939 メロヴィング朝
942 アクシオン・フランセーズ
943 大聖堂
945 ハドリアヌス帝
948 ディオクレティアヌスと四帝統治
951 ナポレオン三世
959 ガリレオ
962 100の地点でわかる地政学
964 100語でわかる中国
966 アルジェリア戦争
967 コンスタンティヌス
974 ローマ帝国
979 イタリアの統一
981 古代末期

文庫クセジュ

語学・文学